Héloïze M Palmer

Jesu Wiege ist mein Herz

Ganztägig im Gebet

Héloïze M Palmer

Jesu Wiege ist mein Herz

Ganztägig im Gebet

Bibliografische Information der Deutschen Nationalbibliothek: Die Deutsche Nationalbibliothek verzeichnet diese Publikation in der Deutschen National-bibliografie; detaillierte bibliografische Daten sind im Internet über http://dnb.dnb.de abrufbar.

Sofern keine anderen Angaben in den Fußnoten zu finden sind, entstam-men die zitierten Bibelstellen der Einheitsübersetzung der Heiligen Schrift aus dem Jahre 2016.

Verlag: BoD · Books on Demand GmbH, Überseering 33, 22297 Hamburg, bod@bod.de

Druck: Libri Plureos GmbH, Friedensallee 273, 22763 Hamburg

ISBN: 978-3-8192-6332-3

Inhalt

vorbemerkt 7

die Intention.. 10

vorangestellt 14

„HERR, lehre uns beten!" - 1 17

Interludium 50

das Immergrün 58

„HERR, lehre uns beten!"- 2 70

betend.. 88

der Verlassene.. 91

eine Woche Seligkeit................................... 95

beobachtet / erschaut 97

Jesu Wiege ist mein Herz........................... 117

Rosenkranz für alle Fälle 119

Rosenkranz der Hingabe 123

Nachfolge… 125

Hingabe. GOTT schenkt sich 133

über die Liebe... 139

LAETARE 148

VORBEMERKT

Ein Wort allein ist wichtig, dieses eine: das bist DU. Dass wir berechtigt und befähigt sind, DICH, DEINEN Heiligen Namen anzurufen, zu allen Tages- wie Nachtzeiten - es bleibt ein Geschenk so unergründlich wie die Mysterien von Menschwerdung, Eucharistie, Erlösung. Hilf HERR, dass diese Gebetszusammenstellung Anderen Bereicherung, Unterstützung, dienlich sei.

Zu Beginn des Jahres 2022 entstand die zunächst für den eigenen Gebrauch formulierte Sammlung meiner täglichen bzw. regelmäßigen Gebete. Sie wurde schließlich virtuell veröffentlicht, sowie auszugsweise gedruckt verteilt. Erneut gesichtet, geringfügig erweitert soll sie nun ein Beitrag zur Feier dieses Jubeljahres sein. Dieser beantwortet zum einen die mir angetragenen Bitten aus der Gemeinde um eine unterstützende Handreichung für ihr persönliches Gebetsleben; zum andern sei damit praktisch sowie nachhaltig die Initiative KIRCHE in NOT gefördert: Sämtliche Verkaufseinnahmen werden ihr zufließen. Dank sei unserem Heiligen Vater Papst Franziskus, welcher wiederholt zu Hoffnung und Zuversicht insbesondere in diesem Jubeljahr ermutigte; ihm ist diese Schrift gewidmet.

HERR Jesus Christus, bitte für uns, wie DU es in der Heiligen Schrift versprichst[1]; tritt für uns ein beim *himmlischen Vater*; sei bei uns in

---

[1] vergl. Joh 17,9.20

Wort und den Sakramenten, sowie durch die erfahrbar lebensspen-
dende Kraft des *Heiligen Geistes* „alle Tage bis zum Ende der Welt."[2]

Ostern im Heiligen Jahr
20. April 2025

Héloïze M Palmer

---

[2] Mt 28,20b

„Wie geht ein junger Mann seinen Pfad ohne Tadel? *
Wenn er dein Wort beachtet.
Ich suche dich mit ganzem Herzen. *
Lass mich nicht abirren von deinen Geboten!
Ich berge deinen Spruch im Herzen, *
damit ich gegen dich nicht sündige.
Gepriesen seist du, HERR! *
Lehre mich deine Gesetze!
Mit meinen Lippen verkünde ich *
alle Entscheide deines Munds.
Am Weg deiner Zeugnisse habe ich Freude *
wie an jeglichem Reichtum.
Ich will nachsinnen über deine Befehle *
und schauen auf deine Pfade.
Ich ergötze mich an deinen Gesetzen, *
dein Wort will ich nicht vergessen."
(Ps 119,9-16)

„Sucht aber zuerst sein Reich und seine Gerechtigkeit;
dann wird euch alles andere dazugegeben."[3]

„Der Herr richte eure Herzen auf die Liebe Gottes aus
und auf die Geduld Christi."[4]

*

Papst Franziskus gewidmet

---

[3] Mt 6,33
[4] 2 Thess 3,5

DIE INTENTION

Gebet ist die verschmelzende Umarmung zweier Hände:
der Liebe GOTTES mit des Menschen Herz.

Hintergrund, Inhalt sowie Zielsetzung dieser Schrift sind sich gleich: das Gebet. Sie versucht, den Erfahrungsreichtum einer allumfassenden Auslebung des *Bet-Sinnes* wiederzugeben.

Beten ist ein Sinn wie Hören einer ist. Mit letzterem wird das Beten häufig verglichen, gar synonym gesetzt (als „inneres Hören"), denn tatsächlich sind beide eng verknüpft, ja wesensverwandt. Dennoch reicht Beten weiter und tiefer als das Hören. Der ‚Bet-Sinn' umgreift zugleich: hören, schweigen, fragen, wachsames inneres tasten, lieben, inneres schauen, inneres erbeben, gegenwärtig sein. Und soviel mehr...

Möge das hier Zusammengetragene zu einer vertieften Wahrnehmung der uns geschenkten Intimität anregen: zwischen GOTT in SEINER *Heiligsten Dreifaltigkeit* und uns betenden *Kindern*. In allen Lebensdingen und -lagen sind wir von *unserem Vater* Getragene-Geschaffene: GOTT ist wirklich und wahrhaftig not-wendig für unser Heil, für unser Sein. Unausweichlich, „denn nur einer ist euer Lehrer"[5] und „auf ihn sollt ihr hören"[6], richtet sich somit der Blick auf unseren

---

[5] Mt 23,10b
[6] Mk 9,7b par Mt 17,5c par Lk 9,35b

HERRN Jesus Christus: Wie hat ER gebetet? Was galt IHM ‚Gebet'? Was lebte ER vor, als ER, *wahrer Mensch*, noch mitten unter den ersten Jüngern und Aposteln atmete?

Wenn GOTTES Sohn uns beten lehrt (vergl. Mt 6,9 und Lk 11,2), beginnend mit den Worten „Unser Vater" oder „Vater", so beleuchtet diese Position, welche Priorität GOTT Vater in unserem Leben und Gebet einnehmen soll: immerzu sei ER präsent, immerzu dürfen/können/sollen wir unsere Sorgen, Bitten, Nöte, Ängste an IHN richten, „auf IHN werfen" (s. 1 Petr 5,7) - gleich der Witwe, die den rücksichtslosen Richter belästigt (s. Lk 18). Keine Not ist zu gering, um sie GOTT anheimzustellen - solange das flehende Gotteskind demütig-dankbaren Herzens bleibt.

Jesus Christus lädt ein zu vollkommener Hingabe und grenzenlosem Vertrauen. Desgleichen dieser Leitfaden: Er offeriert eine Synthese aus unablässigem Schauen der Wege/Worte Jesu Christi („niemand kommt zum Vater außer durch mich"[7]) und unausgesetztem „Anklopfen" (vergl. Mt 7,7b) beim *himmlischen Vater*.

Um ein alltagstaugliches Hilfsmittel zu werden, sollte ein Gebetsbuch einfach sein; die Formulierungen auf den Punkt gebracht. Das versucht die vorliegende Sammlung. Stoßgebetcharakter verbindet sich mit unnachahmlicher inhaltlicher Tiefe; welches Letztere darin gründet, dass GOTT selbst die Worte vorgibt: die Bitten sind SEINER *Offenbarung* entlehnt worden. Als homöopathisch dosierte ‚Bonbons' der Heiligen Schrift eignen sie sich für den ganztägigen Konsum. Erstrebenswert vor dem Hintergrund, dass Jesus Christus verspricht: „Wenn ihr in meinem Wort bleibt, seid ihr wahrhaft meine Jünger. Dann werdet ihr die Wahrheit erkennen und die Wahrheit wird euch befreien"[8], ferner: „Wenn jemand an meinem Wort festhält, wird er

---

[7] Joh 14,6b
[8] Joh 8,31b f.

auf ewig den Tod nicht schauen"[9]; schließlich: „Was ihr den Vater in meinem Namen bitten werdet, das wird er euch geben."[10]

Diese Zusammenstellung ist eine Anregung, die Einladung zu einem von Gebet durchwirkten Alltag. Der interessiert darin Lesende möge sich das für seine Verhältnisse angemessene Pensum heraussuchen, stets aber sich davor hüten, einem Zwang der Vollständigkeit zu verfallen! Auch das Gebetsleben kann zu Aktionismus, zu Ehrgeiz pervertieren. Der Lesende bleibe achtsam und bitte den *Heiligen Geist* immer neu um die Gaben der Maßhaltung und Demut!

Eine zweite Warnung: Je mehr der *Heilige Geist* im Herzen des Menschen Raum gewinnt, umso deutlicher tritt zutage, wie häufig im Alltag wir dem „goldenen Kalb" huldigen (vergl. Ex 32,4 ff): Eine gesunde Ernährungsweise etwa ist sinnvoll und klug - kreist das Denken indessen unentwegt darum, welche Speisen die besten sind, wird die Zeit vordergründig damit verbracht, gesundheitsfördernde Diätpläne zu vergleichen, ist der Götze greifbar nahe. Auch bleibt die Seele rast- und ruhelos, solange ihr Dasein einer Terminjagd gleicht: immer neue, durchaus löbliche Vorhaben werden hinzufügt, mit Vehemenz wird ‚Leerlauf' vermieden. Doch auch in dem, was der Einzelne bewältigen kann, ist er begrenzt und sollte es anerkennen. Ein Tagesablauf ohne ‚Atempausen' verunmöglicht tief reichendes Gebet, da die Gedanken von einer Erledigung zur nächsten galoppieren. Dies ist der nämliche Boden voller „Dornen", in welche der Samen fällt: „die Sorgen dieser Welt ersticken" das Wort GOTTES (vergl. Mt 13,22). Als drittes Beispiel sei eine übermäßig betonte Sittenstrenge genannt: Zum Selbstzweck gewachsene Höflichkeit versklavt, führt zu Selbstgerechtigkeit; ein zwanghaftes Verkrallen in Werte und Einstellungen ist Götzendienst!

---

[9] Joh 8,51b
[10] Joh 16,23c

Diese wenigen Beispiele zeigen auf, wie von Götzen durchsetzt unsere Leben sind, dass unsere Anbetung sich in sämtliche Richtungen, damit im Sande verläuft. Gleichwohl wäre es vollkommen verkehrt, sich infolge eines solchen Ent-Deckens entmutigt vor GOTT verbergen zu wollen: Vielmehr intensiviere man sein Gebet, flehe inständiger um Hilfe, Stütze und SEINE Weisung: „Wacht und betet, damit ihr nicht in Versuchung geratet!"[11]

*

„HERR, in deiner Liebe belebe mich!"[12]

---

[11] Mt 26,41
[12] Ps 119,159b

VORANGESTELLT

Dass der Wunsch nach Gebet erwacht/sich wiedereinstellt, bezeugt, es vollzieht sich bereits (vergl. Röm 8,16.26.27): wir vernehmen den Ruf GOTTES, erkennen ihn an. Zugleich unsere Sehnsucht, mit GOTT in Dialog, konkret erlebbare Beziehung zu treten, in ein dynamisches Du-Ich. Wie Jesus Christus ankündigt, lädt der *Heilige Geist* uns zum Beigesellen ein (vergl. Mt 6,6.8).

Wer sich nach etwas oder jemandem sehnt, hängt ununterbrochen innerlich diesem Gegenstand an, beinahe sämtliche Gedanken laufen diesem Zentrum zu. Unser inneres Sprechen widmet sich nahezu unentwegt demjenigen, welches/welcher uns aktuell am meisten angeht. Solch Monolog ist weder umfangreich, noch wortgewaltig, sondern besteht aus sich wiederholenden Satzfragmenten. Nichtsdestominder ist uns die Gegenwart des Anderen erfahrbar. Eine Konzentration auf konzise, griffige Bitten ermöglicht, dass GOTT alleiniger Bewohner unserer Gedanken, unseres Alltags wird.

Begegnungen, die zu ‚Beziehung' führen, beginnen stets einfach. Statt vieler Worte entscheidet die Wahrnehmung des Gegenübers. Auch unser Gespräch mit GOTT sollte einfach beginnen, wie Jesus Christus lehrt: „Wenn ihr betet, sollt ihr nicht plappern wie die Heiden, die meinen, sie werden nur erhört, wenn sie viele Worte machen. Macht es nicht wie sie; denn euer Vater weiß, was ihr braucht, noch ehe ihr ihn bittet."[13]

*

Mit unserem ‚Ja!' zu einem regelmäßigen, ganztägig vollzogenen Dialog kann GOTT sein Gebet dynamisch werden lassen: SEINE Stimme erhebt sich, erweckt uns. Um sie wahrnehmen zu können, bedarf es der Stille; vor allem anderen des inneren Schweigens der mit Profanem beschäftigten Gedankenchöre. So lautet ein entscheidendes erstes Gebet:

> *HERR, helft mir, macht mich leise und hörend.*
> Mit den Worten König Salomos:
> *„Verleih' mir ein hörendes Herz."*[14]

Ein zweites bittet um das Vermögen, die Gnade GOTTES im eigenen Leben wahrzunehmen; ferner um die Erkenntnis, dass bereits das Vortragen der Bitte Beantwortung derselben darstellt:

> *HERR, macht mich zufrieden und dankbar.*
> Mit den Worten Judits:
> *„[Du] Herr [bist] ein Gott, der den Kriegen ein Ende setzt; wer dich fürchtet, der erfährt deine Gnade."*[15]

Ein drittes erfleht die Erfahrung des Betens als nie versiegende Quelle lebendigen Daseins vor und in GOTT:

> *HERR, helft mir, lehrt mich beten.*[16]

---

[13] Mt 6,7 f.
[14] vergl. 1 Kön 3,9
[15] vergl. Jdt 16,2&15c
[16] vergl. Lk 11,1

À propos: Es wäre ein Sinn erfüllter Tag, sollte er über dem alleinigen, allzeit geatmeten Gebet vergangen sein:

HERR, helft mir, ich brauche EUCH,
denn ohne EUCH kann ich nichts vollbringen.[17]

*

DU, HERR, wandelst um, veränderst, machst uns genügsam. Bald gerät das bisherige Leben zu einem weit gewordenen Kleidungsstück, dem wir entwachsen sind: indem wir kleiner wurden, geringer, einfacher; fortan einzig nach DEINER Gegenwart verlangend:

„Mein Herr und mein Gott!"[18].

---

[17] vergl. Joh 15,5
[18] Joh 20,28

„HERR, LEHRE UNS BETEN!"[19] - 1

... baten die ersten Jünger ihren Meister. Dasselbe dürfen wir Heutigen tun. Auch unsere Gebete, sofern wir sie GOTT lauteren Herzens antragen, werden erhört werden. So verspricht der HERR, Jesus Christus (vergl. Mt 7,7 ff & Mt 18,19).

Nachfolgend sind Lehren/Aufforderungen Jesu zusammengestellt, mit Hinweis auf ihren Ursprungsort in der Heiligen Schrift. Dem schließen sich entsprechend formulierte Bitten an, zumeist eine, ab und an verschiedene. Sie stellen Anregungen dar. Alternativ zu „lehre" kann erfleht werden, dass GOTT: helfe, errette, bewahre, fähig mache, usw. Jesu Worte blieben jahrhundertelang aktuell, so auch heute. Trotz veränderter Lebensumstände bzw. -verhältnisse, treffen SEINE Lehren zu und erhellen. Die formulierten Bitten sind ein Versuch, SEINE Reden in direkten Bezug zum akut Vorherrschenden zu setzen.

Die Gebetsimpulse verstehen sich ferner als Ausdruck konkreter Nachfolge Christi: Dem Versucher in der Wüste hält Jesus Zitate der Schriften entgegen (vergl. Mt 4,4.7.10b; par Lk 4,4.8.12). ER wehrt sich mit GOTTES Wort.

Flehen wir zu GOTT, von dem wir wissen, dass ER ein jedes SEINER Kinder liebt, uns wohlgesonnen ist; flehen wir immer wieder, SEINE

---

[19] Lk 11,1b

17

Worte gebrauchend, um Hilfe! Ein unausgesetztes IHN Anrufen bezeugt, dass wir ‚Ja!' sagen zu der uns bestimmten Nachfolge Christi, IHN als unseren Retter und Erlöser annehmen, die *Heilige göttliche Dreifaltigkeit* verehren.

aus dem *Heiligen Evangelium* nach Matthäus

Jesus Christus spricht: „Lass es nur zu!"[20]
Lasst uns beten: „HERR, macht mich EUCH ergeben sein."
oder „HERR, lehrt mich zuzulassen."

Jesus Christus lehrt:
„Kehrt um! Denn das Himmelreich ist nahe!"[21]
Lasst uns beten:
„HERR, lehrt mich umzukehren, hin zu EUCH!"

Jesus Christus ermutigt: „Kommt her, mir nach!"[22]
Lasst uns beten: „HERR Jesus Christus, lehre mich Dir nachzufolgen."

Jesus Christus preist selig: s. Mt 5,3-12, par Lk 6,20b-23
Lasst uns beten: „HERR Jesus Christus, lehre mich, arm vor GOTT zu sein." - „HERR, lehrt mich meine Trauer beherzt zu tragen." - „HERR, macht mich sanftmütig." - „HERR, macht mich nach Gerechtigkeit dürsten und hungern." - „HERR, macht mich barmherzig." - „HERR, reinigt mein Herz, lasst mich reinen Herzens sein." - „HERR, lehrt mich Friedenstiften." - „HERR, lehrt mich Verfolgungen zu ertragen." - „HERR Jesus Christus, mach mich freudig und jubelnd über die Größe GOTTES."

---

[20] Mt 3,15b
[21] Mt 4,17b par Mk 1,15
[22] Mt 4,19b par Mk 1,17, vergl. Joh 1,43c, vergl. Joh 21,19c

Jesus Christus lehrt: „Wer sie aber hält und halten lehrt, der wird groß sein im Himmelreich."[23]

Lasst uns beten: „HERR Jesus Christus, lehre mich, die Gebote des *himmlischen Vaters* zu wahren und zu lieben."

Jesus Christus lehrt:
„Schließ ohne Zögern Frieden mit deinem Gegner."[24]
Lasst uns beten: „HERR, lehrt mich, helft mir, meinem Bruder zu vergeben." oder „HERR, helft meinem Bruder, von seinem Groll abzulassen, helft ihm, mir zu vergeben."

Jesus Christus lehrt: „Eure Rede sei: Ja ja, nein nein."[25]

Lasst uns beten: „HERR Jesus Christus, lehre mich Eindeutigkeit in meiner Rede."

Jesus Christus lehrt: „Leistet dem, der euch etwas Böses antut, keinen Widerstand."[26]
Lasst uns beten: „HERR, schenkt mir den Mut zu Friedfertigkeit." oder „HERR, macht mich fähig, sanft zu bleiben." oder „HERR, vergebt meinem Widersacher."

Jesus Christus lehrt: „Wenn Du Almosen gibst, soll deine linke Hand nicht wissen, was deine rechte tut, damit dein Almosen im Verborgenen bleibt."[27]

Lasst uns beten: „HERR, macht mich großzügig." oder „HERR, lehrt mich bedingungslos, ohne Erwartungen zu schenken."

---

[23] Mt 5,19c
[24] Mt 5,25
[25] Mt 5,37
[26] Mt 5,39b
[27] Mt 6,3

Jesus Christus lehrt: „Euer Vater weiß, was ihr braucht, noch ehe ihr ihn bittet."[28]

Lasst uns beten: „*Vater unser*, gib mir die richtigen Worte ein, wenn ich zu DIR rufe." oder „HERR, *himmlischer Vater*, schenke mir Verständnis für DEINEN Willen." oder „HERR, *himmlischer Vater*, befähige mich, in allem DEINEM Willen zu entsprechen."

> Jesus Christus lehrt: „Denn wenn ihr den Menschen ihre Verfehlungen vergebt, dann wird euer himmlischer Vater auch euch vergeben."[29]
>
> Lasst uns beten: „HERR, befreit mich, macht mich großherzig." oder „HERR, errettet mich vor mir selbst."

Jesus Christus lehrt: „Denn wo Dein Schatz ist, da ist auch Dein Herz."[30]

Lasst uns beten: „HERR, lasst mich erkennen, dass IHR mein größter Schatz seid, auf Erden wie im Himmel."

> Jesus Christus lehrt: „Macht euch also keine Sorgen [...], euer himmlischer Vater weiß, dass ihr das alles braucht."[31]
>
> Lasst uns beten: „HERR, lehrt mich erkennen, dass IHR immer für mich sorgt." oder „HERR, stärkt mein Vertrauen in EUCH." oder „HERR, *Heiliger Geist*, befähige mich zu vorbehaltloser Hingabe."

Jesus Christus lehrt: „Sucht aber zuerst sein Reich und seine Gerechtigkeit; dann wird euch alles andere dazugegeben."[32]

Lasst und beten: „HERR, *Heiliger Geist*, befülle mich mit der Suche

---

[28] Mt 6,8b par Lk 12,22
[29] Mt 6,14 par Mk 11,25
[30] Mt 6,21 par Lk 12,34
[31] Mt 6,31.32b par Lk 12,30b
[32] Mt 6,33 par Lk 12,31

nach den wahren Gütern." oder „HERR Jesus Christus, lehre mich, die Suche und Sehnsucht nach dem Reich GOTTES über alles übrige zu stellen."

> Jesus Christus lehrt: „Richtet nicht, damit ihr nicht gerichtet werdet!"[33]
> Lasst uns beten: „HERR *Paraklet*, befreie mich vom Richten Anderer."

Jesus Christus lehrt: „Bittet und es wird euch gegeben..."[34]
Lasst uns beten: „HERR und GOTT, öffne meine Sinne, auf dass ich erkenne, wie reichhaltig DU schenkst."

> Jesus Christus lehrt: „Wie eng ist das Tor und wie schmal der Weg, der zum Leben führt, und es sind wenige, die ihn finden."[35]
> Lasst uns beten: „HERR, rüttelt mich wach, den Weg zum Leben zu suchen." oder „HERR Jesus Christus, mach mich unablässig DIR nachfolgen, denn DU bist *der Weg, die Wahrheit und das Leben*[36]." oder „*Himmlischer Vater*, stärke in all DEINEN Kindern den Wunsch, den Weg zu DIR immerfort zu suchen."

Jesus Christus lehrt:
„Hütet euch vor den falschen Propheten."[37]
Lasst uns beten: „HERR, bewahrt mich vor falschen Propheten, vor den Lauten, die mit ihrem Besserwissen EURE Stimme übertönen." oder „HERR *Paraklet*, hilf mir, DEINE Stimme wahrzunehmen und ihr

---

[33] Mt 7,1 par Lk 6,37
[34] Mt 7,7 par Lk 11,9 f., vergl. Joh 16,24b
[35] Mt 7,14 par Lk 13,24
[36] Joh 14,6
[37] Mt 7,15

zu folgen." oder „HERR, ich bitte EUCH: lasst mich nie zu einem falschen Propheten verkommen."

Lasst uns beten: „HERR Jesus Christus, wenn DU willst,
kannst DU mich rein machen."[38]

Jesus Christus lehrt: „Nimm dich in Acht! Erzähl niemandem davon, sondern geh [...] und bring das Opfer dar!"[39]
Lasst uns beten: „HERR, lehrt mich EURE Wunder heilighalten und mich allzeit dankbar zu zeigen."

Lasst uns beten: „HERR, macht meine Seele / meinen Leib /
meinen Geist gesunden!"

Jesus Christus fragt: „Warum habt ihr solche Angst, ihr Kleingläubigen?"[40]
Lasst uns beten: „HERR, macht mich mutig und vertrauend." oder „HERR, stärkt meinen Glauben!"

Jesus Christus ermutigt: „Hab Vertrauen, mein Sohn, Deine
Sünden sind dir vergeben!"[41]
Lasst uns beten: „Kyrie eleison - Christe eleison - Kyrie eleison."

Jesus Christus lehrt: „Nicht die Gesunden bedürfen des Arztes, sondern die Kranken."[42]
Lasst uns beten: „HERR, helft mir, mein Versagen zu erkennen und anzuerkennen." oder „HERR, vergebt mir meine Schuld!" oder „HERR Jesus Christus, ich bin krank, sei DU mein Arzt und heile mich."

---

[38] vergl. Mt 8,2b par Mk 1,40c par Lk 5,12c
[39] Mt 8,4b par Mk 1,44 par Lk 5,14
[40] Mt 8,26b
[41] Mt 9,2c par Mk 2,5b par Lk 5,20
[42] Mt 9,12 par Mk 2,17 par Lk 5,31

Jesus Christus ermutigt: „Hab keine Angst, meine Tochter, dein Glaube hat dich gerettet!"[43]
Lasst uns beten: „HERR, beschenkt mich mit fortwährend zunehmendem Glauben."

Jesus Christus lehrt: „Bittet also den Herrn der Ernte, Arbeiter für seine Ernte auszusenden."[44]
Lasst uns beten: „HERR, schenkt uns leidenschaftlich glaubende, liebende Geschwister." oder „HERR, macht mich zu einem würdigen Mitglied EURER Heiligen Kirche."

Jesus Christus lehrt: „Das Himmelreich ist nahe!"[45]
Lasst uns beten: „HERR, öffnet mir Sinne und Herz, auf dass ich erkenne: das Himmelreich ist hier."

Jesus Christus lehrt: „Umsonst habt ihr empfangen, umsonst sollt ihr geben."[46]
Lasst uns beten: „HERR, macht mich schenkend, ohne Gegenleistung zu erhoffen / erwarten."

Jesus Christus lehrt: „Wenn das Haus es wert ist, soll euer Friede bei ihm einkehren."[47]
Lasst uns beten: „HERR, lehrt mich unterscheiden, wo Mühe sinnvoll und angebracht ist und wo nicht."

Jesus Christus lehrt: „Ihr werdet um meinetwillen vor Statthalter und Könige geführt werden..."[48]

---

[43] Mt 9,22b par Mk 5,34b par Lk 8,48
[44] Mt 9,38 par Lk 10,2c
[45] Mt 10,7 par Lk 11,20, vergl. Lk 17,21c
[46] Mt 10,8b par Lk 9
[47] Mt 10,13 par Lk 10,6
[48] Mt 10,18 par Mk 13,9 par Lk 12,11, vergl. Joh 15,18

Lasst uns beten: „HERR, lehrt mich Standhaftigkeit, besonders wenn mein Glaube angegriffen wird." oder „HERR *Paraklet*, hilf mir, dass ich darauf vertrauen lerne, dass die richtigen Worte von DIR mir eingegeben werden." oder „HERR, vergebt meinen Anklägern."

> Jesus Christus lehrt: „Der Jünger muss sich damit begnügen, dass es ihm geht wie seinem Meister."[49]
> Lasst uns beten: „HERR Jesus Christus, lehre mich Demut." oder „HERR Jesus Christus, lass mich erkennen, dass meine Leiden nichtig sind im Vergleich, was DU für mich erlitten hast."

Jesus Christus lehrt: „Denn nichts ist verhüllt, was nicht enthüllt wird, und nichts ist verborgen, was nicht bekannt wird."[50]
Lasst uns beten: „HERR, lehrt mich ein Leben in Klarheit und Lauterkeit." oder „HERR, bewahrt mich vor Heuchelei."

> Jesus Christus lehrt: „Jeder, der sich vor den Menschen zu mir bekennt, zu dem werde auch ich mich vor meinem Vater im Himmel bekennen."[51]
> Lasst uns beten: „HERR, macht mich mutig zu einem offenherzigen Zeugnis meines Glaubens an EUCH."

Jesus Christus lehrt: „Und wer nicht sein Kreuz auf sich nimmt und mir nachfolgt, ist meiner nicht wert."[52]
Lasst uns beten: „HERR Jesus Christus, hilf mir dabei, mein Kreuz zu lieben, weil ich DICH liebe."

> Jesus Christus lehrt: „Alles ist mir von meinem Vater übergeben worden; niemand kennt den Sohn, nur der Vater, und

---

[49] Mt 10,25 par Lk 6,40, vergl. Joh 13,16b, Joh 15,18, V. 20b
[50] Mt 10,26b par Mk 4,22 par Lk 8,17, vergl. Lk 11,33, Lk 12,2
[51] Mt 10,32 par Lk 12,8
[52] Mt 10,38 par Mk 8,34b par Lk 14,27

niemand kennt den Vater, nur der Sohn und der, dem es der Sohn offenbaren will."[53]
Lasst uns beten: „HERR Jesus Christus, offenbare mir den *Vater*, bring mich dem *Vater* nahe." oder „HERR Jesus Christus, bitte für mich beim *Vater*."

Jesus Christus lehrt: „Denn ich bin gütig und von Herzen demütig; und *ihr werdet Ruhe finden für eure Seele*."[54]
Lasst uns beten: „HERR Jesus Christus, lehre mich Demut." oder „HERR Jesus Christus, lehre mich Güte." oder „HERR Jesus Christus, schenke mir Seelenruhe." oder „HERR, *himmlischer Vater*, lass mich Ruhe finden bei DIR."

Jesus Christus lehrt: „Wer nicht mit mir ist, der ist gegen mich; wer nicht mit mir sammelt, der zerstreut."[55]
Lasst uns beten: „HERR Jesus Christus, lehre mich allezeit mit DIR und für DICH zu sammeln." oder „HERR Jesus Christus, bewahre mich davor, zu zerstreuen."

Jesus Christus lehrt: „Aber die Lästerung gegen den Geist wird nicht vergeben werden."[56]
Lasst uns beten: „HERR Jesus Christus, bewahre mich vor Lästerung." oder „HERR Jesus Christus, lehre mich Ehrfurcht vor und Anbetung des *Heiligen Geistes*." oder „*Himmlischer Vater*, bewahre mich vor schändlichem Gebrauch DEINES Namens: Geheiligt sei DEIN Name, in alle Ewigkeit!"

---

[53] Mt 11,27 par Lk 10,22
[54] Mt 11,29b
[55] Mt 12,30 par Lk 11,23
[56] Mt 12,31b par Mk 3,29

Jesus Christus lehrt: „Denn wovon das Herz überfließt, davon spricht der Mund."[57]
Lasst uns beten: „HERR, bewohnt mein Herz, sodass ich allezeit nur EUCH fühle, denke, spreche: liebe."

Jesus Christus lehrt: „Denn aufgrund deiner Worte wirst du freigesprochen und aufgrund deiner Worte wirst du verurteilt werden."[58]
Lasst uns beten: „HERR, *Heiliger Geist*, gib mir allezeit die richtigen Worte ein; setze eine Schranke, bevor ich mich mit falschen / lieblosen Worten versündige."

Jesus Christus lehrt: „Denn wer den Willen meines himmlischen Vaters tut, der ist für mich Bruder und Schwester und Mutter."[59]
Lasst uns beten: „HERR, *barmherziger Vater*, lehre mich DEINEN Willen zu tun."

Jesus Christus lehrt: „Eure Augen aber sind selig, weil sie sehen, und eure Ohren, weil sie hören."[60]
Lasst uns beten: „HERR, heiligt meine Sinne, auf dass sie allein EUCH wahrnehmen; schenkt mir Augen, die sehen, Ohren, die hören."

Jesus Christus lehrt: „Auf guten Boden ist der Samen bei dem gesät, der das Wort hört und es auch versteht."[61]
Lasst uns beten: „HERR, *himmlischer Vater*, läutere meine Sinne, auf dass ich DEIN Wort höre, es verstehe und Frucht für DICH einbringen kann."

---

[57] Mt 12,34b par Lk 6,45c
[58] Mt 12,37
[59] Mt 12,50 par Mk 3,35 par Lk 8,21
[60] Mt 13,16 par Mk 4 par Lk 8,8c / Lk 10,24
[61] Mt 13,23 par Lk 8,15

Jesus Christus lehrt: „Mit dem Himmelreich ist es wie mit einem Schatz, der in einem Acker vergraben war..."[62]
Lasst uns beten: „HERR, IHR seid mein größter Schatz; helft mir dabei, bereitwillig und voll Freude alles andere loszulassen, um EUCH allein anzuhängen."

Jesus Christus fordert: „Gebt ihr ihnen zu essen!"[63]
Lasst uns beten: „HERR, lehrt mich, die Not meines Nächsten zu erkennen und mit ihm zu teilen."

Lasst uns beten: „HERR, rettet mich!"[64]

Jesus Christus fragt: „Warum hast Du gezweifelt?"[65]
Lasst uns beten: „HERR, nehmt mir meine Zweifel." oder „HERR, schenkt mir größeren, tieferen Glauben."

Jesus Christus lehrt: „Was aber aus dem Mund herauskommt, das kommt aus dem Herzen und das macht den Menschen unrein."[66]
Lasst uns beten: „HERR, bewohnt mein Herz und läutert es, so dass ich von EUCH allein und Wahrheit künde."

Jesus Christus lehrt: „Gebt Acht und hütet euch vor dem Sauerteig der Pharisäer und der Sadduzäer!"[67]
Lasst uns beten: „HERR, bewahrt mich vor Falschrednern, Heuchlern, Versuchung und Glanz der hohlen Rede." oder „HERR, bewahrt mich davor, ‚pharisäisch' zu sein." oder „HERR, *unser Vater*, vergib uns, DEINEN Kindern."

---

[62] Mt 13,44
[63] Mt 14,16b par Mk 6,37b par Lk 9,13b, vergl. Joh 6,1-13
[64] Mt 14,30b
[65] Mt 14,31b par Mk 4,40 par Lk 8,25, vergl. Joh 6,16-21
[66] Mt 15,18 par Mk 7,15
[67] Mt 16,6b par Mk 8,15b par Lk 12,1c

Jesus Christus lehrt: „Denn wer sein Leben retten will, wird es verlieren; wer aber sein Leben um meinetwillen verliert, wird es finden."[68]

Lasst uns beten: „HERR Jesus Christus, schenke mir Mut und Beharrlichkeit zu Selbstaufgabe und treuer Nachfolge."

Jesus Christus lehrt: „Amen, ich sage euch: Wenn ihr nicht umkehrt und werdet wie die Kinder, werdet ihr nicht in das Himmelreich hineinkommen."[69]

Lasst uns beten: „HERR, reinigt mein Herz, meinen Geist, auf dass ich EUCH in kindlichem Vertrauen begegnen kann."

Jesus Christus mahnt:

„Wehe der Welt wegen der Ärgernisse!"[70]

Lasst uns beten: „HERR, bewahrt mich davor, anderen Ärgernisse zu bereiten." oder „HERR, vergebt uns, die wir Ärgernisse bereiten - wir wissen nicht, was wir tun."

Jesus Christus lehrt: „Denn wo zwei oder drei in meinem Namen versammelt sind, da bin ich mitten unter ihnen."[71]

Lasst uns beten: „HERR, erweckt und bestärkt in uns den Wunsch zu gemeinsamem einmütigen Gebet im Namen Jesu Christi." oder „HERR, helft, dass in uns der Wunsch nach Einheit aller Christen wachse und wir das uns Mögliche tun, dass sie Wirklichkeit werde."

Jesus Christus lehrt:

„...bis zu siebzigmal siebenmal."[72]

[68] Mt 16,25 par Mk 8,35 par Lk 9,24, vergl. Lk 17,33, vergl. Joh 12,25
[69] Mt 18,3 par Mk 10,15b par Lk 9,46 ff, vergl. Lk 18,16 f.
[70] Mt 18,7 par Lk 17,1b
[71] Mt 18,20
[72] Mt 18,22b par Lk 17,4

Lasst uns beten: „HERR, erfüllt mich mit Liebe zu meinem Nächsten, mit dem Bedürfnis, ihm immer wieder zu vergeben." oder „HERR, bewahrt mich vor Selbstgerechtigkeit."

Jesus Christus lehrt:
„Ein Reicher wird schwer in das Himmelreich kommen."[73]
Lasst uns beten: „HERR, reinigt mich von Hochmut, Besserwisserei, Starrköpfigkeit, Besitzdenken und Gier."

Jesus Christus lehrt:
„So werden die Letzten Erste sein und die Ersten Letzte."[74]
Lasst uns beten: „HERR, reinigt mich von Neid, Missgunst, Wettbewerbs- und Vergleichszwang." oder „HERR, macht mich mitfühlend, großherzig, liebend."

Jesus Christus lehrt: „Wer bei euch groß sein will, der soll euer Diener sein, und wer bei euch der Erste sein will, soll euer Sklave sein."[75]
Lasst uns beten: „*Himmlischer Vater*, erfülle mich mit Freude, darüber, dass ich leben darf, dass DU mich liebst; und mit Zufriedenheit." oder „HERR, lasst mich meinen Dienst am Nächsten in Demut und freudvoll ausüben."

Lasst uns beten: „Hab Erbarmen mit uns, HERR Jesus Christus, Sohn GOTTES!"[76]

Jesus Christus tadelt:
„Ihr aber macht daraus eine Räuberhöhle."[77]
Lasst uns beten: „HERR Jesus Christus, verzeih mir, wenn ich im Gebet nachlässig oder eigensinnig bin; erfülle mich mit Ehrfurcht und

---

[73] Mt 19,23b par Mk 10,17 ff, vergl. Lk 18,22 ff
[74] Mt 20,16 par Mk 10,31 par Lk 13,30
[75] Mt 20,26 par Mk 9,35-37.43 par Lk 9,48d; vergl. Lk 22,26
[76] vergl. Mt 20,30c par Mk 10,47b, vergl. Lk 18,38
[77] Mt 21,13c par Mk 11,17c par Lk 19,46, vergl. Joh 2,16

nötiger Wertschätzung, sobald ich mich DIR nähere." oder „HERR, vergebt mir meine Lauheit."

> Jesus Christus lehrt: „Und alles, was ihr im Gebet erbittet, werdet ihr erhalten, wenn ihr glaubt."[78] Lasst uns beten: „HERR, ich glaube, lasst mich stärker glauben, lasst mein Bitten dem entsprechen, was IHR für mich wollt." oder „HERR, erhört die Bitten meiner ‚Geschwister'."

Jesus Christus lehrt: „Ihr habt es gesehen und doch habt ihr nicht bereut und ihm nicht geglaubt."[79]
Lasst uns beten: „HERR, erweckt und lasst erstarken in mir Reue und das Bedürfnis nach Umkehr. HERR, schenkt mir Disziplin und Treue."

> Jesus Christus lehrt:
> „Denn viele sind gerufen, wenige aber auserwählt."[80]
> Lasst uns beten: „HERR, *unser Vater*, eröffne mir DEINEN Willen für meinen persönlichen Weg." oder „HERR, macht mich würdig, EUREM Anruf zu folgen."

Jesus Christus lehrt: „So gebt dem Kaiser, was dem Kaiser gehört, und Gott, was Gott gehört!"[81]
Lasst uns beten: „HERR, *Heiliger Geist*, schenke mir Unterscheidungskraft für die mir begegnenden Dinge, lehre mich erkennen, was wesentlich ist." oder „HERR, bestärkt mich im Bewusstsein, dass IHR mir alles seid und bedeutet."

---

[78] Mt 21,22 par Mk 11,24
[79] Mt 21,32c
[80] Mt 22,14
[81] Mt 22,21b par Mk 12,17b par Lk 20,25

Jesus Christus lehrt:

„Das ist das wichtigste und erste Gebot."[82]

Lasst uns beten: „HERR Jesus Christus, zieh mich an DICH; *Heiliger Geist,* wirke in mir, auf dass die Gottesliebe auch mir *das wichtigste und erste Gebot* sei." oder „HERR, lehrt mich EUCH zu lieben *mit ganzem Herzen und ganzer Seele, mit meinem ganzen Denken und meiner ganzen Kraft."*

Jesus Christus lehrt:

„...denn sie reden nur, tun es aber nicht."[83]

Lasst uns beten: „HERR, helft mir, dass mein Tun und Reden einander entsprechen." oder „HERR, lehrt mich Zuverlässigkeit."

Jesus Christus lehrt: „...denn nur einer ist euer Vater, der im Himmel; [...] denn nur einer ist euer Lehrer, Christus."[84]

Lasst uns beten: „HERR, macht mich fähig, die richtigen Prioritäten zu setzen: Glaube, Hoffnung, Liebe." oder „HERR Jesus Christus, hilf mir GOTT zu schauen."

Jesus Christus tadelt: „Weh euch, ihr seid blinde Führer!"[85]

Lasst uns beten: „HERR Jesus Christus, bewahre mich vor Selbstüberhebung, Hochmut, Besserwisserei und Heuchelei." oder „HERR, läutert mich, auf dass ich vor Selbstüberhebung bewahrt bleiben möge." oder „HERR, öffnet meine Augen in Bezug auf mich selbst und meinen Irrglauben, meine Schwächen und Fehler."

Jesus Christus gemahnt:

„Gebt Acht, dass euch niemand irreführt!"[86]

---

[82] Mt 22,38 par Mk 12,29b par 10,27
[83] Mt 23,3b par Mk 12,37 ff par Lk 20,45 ff
[84] Mt 23,9b.10b, vergl. Lk 18,14b
[85] Mt 23,16 ff
[86] Mt 24,4b par Mk 13,5b par Lk 21,8

Lasst uns beten: „HERR, behütet mich vor falschen Lehrern." oder „HERR, bewahrt mich davor, mich als falscher Messias aufzuführen." oder „HERR, verzeiht denen, die mich irreführen wollen."

Jesus Christus gemahnt:
„Gebt Acht, lasst euch nicht erschrecken!"[87]
Lasst uns beten: *Heiliger Geist*, belebe mich mit Vertrauen, verjage Kleinmut und Ängste."

> Jesus Christus lehrt:
> „Und weil die Gesetzlosigkeit überhandnimmt, wird die Liebe bei vielen erkalten."[88]
> Lasst uns beten: „HERR, bewahrt uns vor Erkalten der Liebe: mich, meine Nächsten, die Heilige Kirche!" oder „HERR Jesus Christus, entzünde in uns DEINE Liebe."

Jesus Christus lehrt: „Und dieses Evangelium vom Reich wird auf der ganzen Welt verkündet werden."[89]
Lasst uns beten: „HERR, macht mich zu einem/r würdigen und glaubhaften Verkünder/in des Evangeliums."

> Jesus Christus lehrt: „Himmel und Erde werden vergehen, aber meine Worte werden nicht vergehen."[90]
> Lasst uns beten: „HERR Jesus Christus, danke für DEINE Verkündigung des Evangeliums; schenke mir allzeit zunehmendes Vertrauen in DICH."

---

[87] Mt 24,6b par Mk 13,7b
[88] Mt 24,12
[89] Mt 24,14 par Mk 13,10
[90] Mt 24,35 par Mk 13,31

Jesus Christus lehrt: „Seid also wachsam! Denn ihr wisst nicht, an welchem Tag euer Herr kommt."[91]
Lasst uns beten: „HERR, helft mir! Befreit mich von meiner Nachlässigkeit und Lauheit."

> Jesus Christus mahnt:
> „Darum haltet auch ihr euch bereit!"[92]
> Lasst uns beten: „HERR, helft mir, dass ich achtsam bleibe, rüttelt mich auf, wenn ich mich in Bequemlichkeit niederlasse."

Jesus Christus lehrt:
„Über Weniges warst du treu, über Vieles werde ich dich setzen."[93]
Lasst uns beten: „HERR, *unser Vater*, mach mich zu einem/r treuen Verwalter/in der von DIR erhaltenen Talente."

> Jesus Christus lehrt: „Amen, ich sage euch: Was ihr für einen meiner geringsten Brüder getan habt, das habt ihr mir getan."[94]
> Lasst uns beten: „HERR, macht mich großmütig, barmherzig, hingebungsvoll gegenüber meinem Nächsten in Not." oder „HERR, lasst mich die Nöte meiner Nächsten erkennen und unverzüglich handeln, ohne Blick auf Nutzen oder Gewinn für mich selbst."

Jesus Christus bezeugt: „Sie hat ein gutes Werk an mir getan."[95]
Lasst uns beten: „HERR, macht mich verschwenderisch im Bezeugen meiner Liebe."

---

[91] Mt 24,42 par Mk 13,33.35.37b
[92] Mt 24,44 par Lk 12,40
[93] Mt 25,21c; vergl. Lk 16,10, vergl. Lk 19,17
[94] Mt 25,40b
[95] Mt 26,10c par Mk 14,6b

Jesus Christus ermahnt: „Doch weh dem Menschen, durch den der Menschensohn ausgeliefert wird!"[96]
Lasst uns beten: „HERR Jesus Christus, erbarme DICH meiner! Verzeih mir meine große Schuld, der/die ich DIR gegenüber nachlässig, untreu, unnachgiebig, lieblos, gleichgültig, ohne Ehrfurcht bin." oder „HERR, vergebt uns Menschen unsere Frevel wider EUCH. Bitte, vergebt uns!"

Jesus Christus sagt: „Nehmt und esst; das ist mein Leib ..."[97]
Lasst uns beten: „HERR Jesus Christus, danke für DEINE Hingabe am Kreuz; danke für die *heilige Eucharistie*; danke, dass DU mich und uns erlöst hast."

Jesus Christus prophezeit: „In dieser Nacht, ehe der Hahn kräht, wirst du mich dreimal verleugnen."[98]
Lasst uns beten: „HERR Jesus Christus, verzeih mir, dass ich DICH verleugnete." oder „HERR Jesus Christus, vergib mir, dass ich zu schwach in meinem Zeugnis für DICH bin."

Jesus Christus ermutigt: „Bleibt hier und wacht mit mir!"[99]
Lasst uns beten: „HERR Jesus Christus, vergib mir meine Schwäche." oder „HERR Jesus Christus, schenke mir die Kraft, mit DIR zu wachen."

Jesus Christus ermutigt: „Wacht und betet, damit ihr nicht in Versuchung geratet!"[100]
Lasst uns beten: *„Heiliger Geist*, bete in mir, wohne mir inne, auf dass ich allezeit wachsam und dankbar bittend bleiben möge."

---

[96] Mt 26,24b par Mk 14,21b
[97] Mt 26,26c par Mk 14,22c par Lk 22,19b
[98] Mt 26,34b par Mk 14,30
[99] Mt 26,39b par Mk 14,34c
[100] Mt 26,41 par Mk 14,38 par Lk 22,40b.46; vergl. Lk 21,36

Jesus Christus fragt:

„Schlaft ihr immer noch und ruht euch aus?"[101]

Lasst uns beten: „HERR, erweckt mich aus meiner Lethargie, Gleichgültigkeit, Lauheit wider EUCH, meinen Nächsten, die Wahrheit."

oder „HERR Jesus Christus, erwecke mich."

über Jesus Christus steht geschrieben:

„Jesus aber schwieg."[102]

Lasst uns beten: „HERR, schenkt mir die Kraft im Angesicht falscher Vorwürfe und Anklagen schweigend zu bleiben. Helft mir, dass ich stattdessen in solchen Momenten für meine Ankläger und Verleumder bete."

Lasst uns beten: „HERR, beschenkt mich mit heilbringenden, reinigenden Tränen, wenn ich erkenne, dass ich wider EUCH schuldig ward."[103]

Lasst uns beten: „HERR Jesus Christus, verzeih mir: ich habe DICH verspottet, gegeißelt, verhöhnt, geschlagen, DICH entblößt - hab Erbarmen mit mir! Vergib mir meine Schuld!"

über Jesus Christus steht geschrieben:

„Jesus aber schrie noch einmal mit lauter Stimme."[104]

Lasst uns beten: „HERR Jesus Christus, vergib mir meine Taubheit gegenüber DEINEM Schreien."

Lasst uns beten: „HERR und GOTT, schenke mir im Moment meines Sterbens tiefes Vertrauen in DICH, Gebet, Hoffnung." oder „HERR, *Heiliger Geist*, steh mir bei im Moment meines Sterbens."

---

[101] Mt 26,40b par Mk 14,41b
[102] Mt 26,63 par Mk 14,61 par Lk 23,9, vergl. Joh 19,9b
[103] vergl. Mt 26,75c par Mk 14,72c
[104] Mt 27,50 par Mk 15,37

Lasst uns beten: „HERR Jesus Christus, lass mein Herz voll Freude und Ehrfurcht brennen; hilf mir, DEINE Auferstehung glaubhaft zu verkünden."[105]

Jesus Christus ermutigt: „Fürchtet euch nicht!"[106]
Lasst uns beten: „HERR Jesus Christus, mach mich zu einem/r beherzten und furchtlosen Jünger/in." oder „HERR, helft mir, dass mein Zeugnis für EUCH immer stärker sei als meine Furcht und Unsicherheit."

Jesus Christus fordert auf:
„Lehrt sie, alles zu befolgen, was ich euch geboten habe."[107]
Lasst uns beten: „HERR, *Heiliger Geist*, wirke durch mich, auf dass ich nur die Wahrheit verkünde." oder „HERR, *Heiliger Geist*, wirke in mir, auf dass ich glaubwürdig das Evangelium verkünden kann."

Jesus Christus versichert: „Und siehe, ich bin mit euch alle Tage bis zum Ende der Welt."[108]
Lasst uns beten: „HERR Jesus Christus, lass mich dessen allzeit gewahr sein."

Lasst uns beten: „HERR, macht mich zu einem/r würdigen Christen/in: auf dass Passion und Auferstehung Jesu Christi nicht vergeblich waren.

---

[105] vergl. Mt 28,8
[106] Mt 28,10b, vergl. Lk 24,36b, vergl. Joh 20,19c
[107] Mt 28,20 par Mk 16,15b, vergl. Joh 20,21b
[108] Mt 28,20b, vergl. Lk 24,49

aus dem *Heiligen Evangelium* nach Markus

Jesus Christus lehrt: „Nirgends ist ein Prophet ohne Ansehen außer in seiner Heimat, bei seinen Verwandten und in seiner Familie."[109] Lasst uns beten: „HERR, schenkt mir Nachsicht mit meiner Familie / Verwandtschaft. Helft mir, dass ich ihnen vergeben kann, wenn sie mich vorurteilig und respektlos behandeln." oder „HERR, *Heiliger Geist*, erfülle mich mit Nachsicht gegenüber jenen, die mich ablehnen, missachten, nicht respektieren; die mein Tun und Wirken schmälern."

> Jesus Christus sagt:
> „Ich habe Mitleid mit diesen Menschen."[110]
> Lasst uns beten: „HERR macht mich mitfühlend." oder *„Heiliger Geist*, stärke in mir das Mitempfinden."

Jesus Christus fragt: „Versteht ihr immer noch nicht?"[111]
Lasst uns beten: „HERR, verzeiht mir meine Begriffsstutzigkeit." oder „HERR, verhelft mir zu Erkenntnis."

> Jesus Christus lehrt:
> „Wenn du kannst? Alles kann, wer glaubt."[112]
> Lasst uns beten:
> „HERR, ich glaube; hilf meinem Unglauben!"[113]

---

[109] Mk 6,4b par Lk 4,24b par Mt 13,57, vergl. Joh 4,44 & Joh 6,42
[110] Mk 8,2
[111] Mk 8,21b
[112] Mk 9,23b
[113] Mk 9,24b

Jesus Christus lehrt: „Diese Art [Dämon] kann nur durch Gebet ausgetrieben werden."[114]

Lasst uns beten: „HERR, *Heiliger Geist*, belebe mich, mach mein Gebet leidenschaftlich und authentisch."

> Jesus Christus lehrt: „Hindert ihn nicht! Keiner, der in meinem Namen eine Machttat vollbringt, kann so leicht schlecht von mir reden."[115]
>
> Lasst uns beten: „HERR, lasst mich flexibel im Geiste und vorurteilsfrei bleiben." oder „HERR, macht mich um Erkenntnis bemüht, gegenüber demjenigen, welches ich nicht sogleich verstehe." oder „HERR, bewahrt mich vor überstürztem Urteilen."

Jesus Christus lehrt:

„Habt Salz in euch und haltet Frieden untereinander."[116]

Lasst uns beten: „HERR, helft mir, dass ich konservieren helfe, was wahr ist; dass ich würzen helfe, was fad wurde; dass ich dazu beitragen kann, Frieden zu stiften."

> Jesus Christus ermutigt: „Was aber Gott verbunden hat, das darf der Mensch nicht trennen."[117]
>
> Lasst uns beten: „HERR, macht mich fähig, friedenstiftend zu wirken, besonders bei Zerwürfnissen zwischen Partnern / innerhalb einer Familie."

Jesus Christus lehrt: „Jeder, der um meinetwillen und um des Evangeliums willen Haus oder Brüder [...] verlassen hat, wird das Hundertfache dafür empfangen."[118]

---

[114] Mk 9,29b par Mt 17,17 par Lk 9,41
[115] Mk 9,39b par LK 9,50
[116] Mk 9,50c
[117] Mk 10,9
[118] Mk 10,29b-30a par Lk 18,29

Lasst uns beten: „HERR, lasst mich mit Freude Verzicht üben." oder „HERR, heilt mich von meinen Anhänglichkeiten, meinem Verhaftetsein an die Welt." oder „HERR, stärkt und festigt in mir die Erfahrung, dass nur im Gehorsam wider EUCH wahrhaftige Freiheit besteht."

> Jesus Christus lehrt: „Denn sie alle haben nur etwas von ihrem Überfluss hineingeworfen; diese Frau aber [...], sie hat alles hergegeben, was sie besaß, ihren ganzen Lebensunterhalt."[119]
> Lasst uns beten: „HERR, macht mich fähig, mich ganz zu verschenken, mit allem, was ich habe, EUCH mich hinzugeben."

Jesus Christus lehrt: „Und ihr werdet um meines Namens willen von allen gehasst werden."[120]
Lasst uns beten: „*Heiliger Geist*, Beistand, zieh ein in mich und stärke mich, um den Anfeindungen standhalten zu können." oder „HERR, *unser Vater*, vergib denen, die mich hassen und hilf mir, auch in ihnen nach DEINEM Bild geschaffene Menschen wahrzunehmen."

*

aus dem *Heiligen Evangelium* nach Lukas

Jesus Christus antwortet dem Versucher: „Es steht geschrieben: *Der Mensch lebt nicht vom Brot allein*."[121]
Lasst uns beten: „HERR, erweckt in mir die Freude an der *Lectio Divina*." oder „HERR, macht mich hungern und dürsten nach der Speise, die allein von EUCH kommt."

---

[119] Mk 12,44 par Lk 21,4
[120] Mk 13,13 par Lk 12,11; Lk 21,12 ff
[121] Lk 4,4b

Jesus Christus antwortet dem Versucher: „Es steht geschrieben: *Vor dem Herrn, deinem Gott, sollst du dich niederwerfen und ihm allein dienen.*"[122]
Lasst uns beten: „HERR, schenkt mir Erkenntnis über meinen Götzendienst und verhelft mir zu echter Umkehr."

Jesus Christus antwortet dem Versucher: „Es ist gesagt: *Du sollst den Herrn, deinen Gott, nicht auf die Probe stellen.*"[123]
Lasst uns beten: „HERR, senkt ein in mein Herz den tiefen Glauben an EUCH; frei von Verlangen nach sichtbaren Zeichen."

Jesus Christus bekundet: „Ich muss auch den anderen Städten das Evangelium vom Reich Gottes verkünden; denn dazu bin ich gesandt worden."[124]
Lasst uns beten: „HERR, macht mich großzügig; reinigt mich vom geizigen Zurückhalten der mir geschenkten Güter."

Jesus Christus ermutigt: „Fürchte dich nicht! Von jetzt an wirst du Menschen fangen."[125]
Lasst uns beten: „HERR, wandelt mich zu einem/r glaubwürdigen Missionar/in."

Jesus Christus erklärt: „Niemand schneidet ein Stück von einem neuen Gewand ab und setzt es auf ein altes Gewand."[126]
Lasst uns beten: „HERR, macht mich flexibel in meinem Denken; heilt mich vom Beharren auf Altbewährtem um jeden Preis."

---

[122] Lk 4,8b
[123] Lk 4,12b
[124] Lk 4,43b
[125] Lk 5,10c
[126] Lk 5,36b

Jesus Christus stellt richtig:

„Herr über den Sabbat ist der Menschensohn."[127]

Lasst uns beten: „HERR, helft mir zu erinnern: das Gesetz diene stets dem Leben."

Jesus Christus lehrt: „Liebt eure Feinde; tut denen Gutes, die euch hassen!"[128]

Lasst uns beten: „HERR, helft mir, wirkt in mir / durch mich; auf dass aus Feinden Nächste werden."

Jesus Christus fordert: „Wir ihr wollt, dass euch die Menschen tun sollen, das tut auch ihr ihnen!"[129]

Lasst uns beten: „HERR, bewohnt mich ganz und gar: dann ist sicher, dass meinen Nächsten und mir nur Gutes begegnet."

Jesus Christus ermuntert: „Seid barmherzig, wie auch euer Vater barmherzig ist."[130]

Lasst uns beten: „HERR, *Heiliger Geist*, erfülle mich mit DEINER Liebe und Barmherzigkeit."

Jesus Christus fordert auf: „Gebt, dann wird auch euch gegeben werden! [...] Denn nach dem Maß, mit dem ihr messt, wird auch euch zugemessen werden."[131]

Lasst uns beten: „HERR, wirkt in mir, so dass ich schenken, mich verschenken kann; in überfließendem Maß!"

---

[127] Lk 6,5b, vergl. Lk 12,15 & Lk 14,2c ff
[128] Lk 6,27
[129] Lk 6,31
[130] Lk 6,36
[131] Lk 6,38

Jesus Christus erinnert:

„Jeden Baum erkennt man an seinen Früchten."[132]

Lasst uns beten: „HERR, wandelt mich zu einem Born guter Früchte."

Jesus Christus tröstet:

„Selig ist, wer an mir keinen Anstoß nimmt."[133]

Lasst uns beten: „HERR, befreit mich von Vorurteilen, so dass ich das Unbequeme auf Wahrheitsgehalt untersuche."

Jesus Christus verheißt: „Ihr sind ihre vielen Sünden vergeben, weil sie viel geliebt hat."[134]

Lasst uns beten: „HERR, lasst die Liebe in mir erstarken. Verzeiht mir meine Sünden."

Jesus Christus mahnt: „Kehr in dein Haus zurück und erzähl alles, was Gott für dich getan hat!"[135]

Lasst uns beten: „HERR, erweckt in mir tiefe Dankbarkeit für all EUER Wirken."

Jesus Christus mahnt: „Fürchte dich nicht! Glaube nur, dann wird sie gerettet werden!"[136]

Lasst uns beten: „HERR, vermehrt meinen Glauben; helft mir, dass ich meinen Glauben bewahren kann."

über Jesus Christus wird gesprochen: „Dieser ist mein auserwählter Sohn, auf ihn sollt ihr hören."[137]

---

[132] Lk 6,44
[133] Lk 7,23
[134] Lk 7,47
[135] Lk 8,39 par Mt 8,28 ff par Mk 5,19b
[136] Lk 8,50 par Mt 9,23 ff par Mk 5,36b
[137] Lk 9,35b par Mt 17,5b par Mk 9,7b

Lasst uns beten: „HERR, helft der Heiligen Kirche, dass sie die Nachfolge Christi stets zuvorderst stellt."

> Jesus Christus gibt zu Bedenken: „Der Menschensohn aber hat keinen Ort, wo er sein Haupt hinlegen kann."[138]
> Lasst uns beten: „HERR Jesus Christus, halte die Erinnerung in mir wach, dass Nachfolge Unterwegssein bedeutet." oder: „HERR, bewahrt mich davor, mich in Gewohnheiten, Überzeugungen, Ansichten ... einzurichten."

Jesus Christus mahnt: „Freut euch darüber, dass eure Namen im Himmel verzeichnet sind!"[139]
Lasst uns beten: „HERR, helft mir immer zu erinnern, dass das durch mich erwirkte Gute von EUCH herkommt."

> Jesus Christus mahnt: „Nur eines ist notwendig."[140]
> Lasst uns beten: „DU, HERR, allein: zieh mich an DICH: HERR und GOTT."

Jesus Christus mahnt: „Selig sind vielmehr, die das Wort Gottes hören und es befolgen."[141]
Lasst uns beten: „HERR, helft mir, dass mein Leben das bezeugt, was meine Lippen bekennen."

> Jesus Christus ermutigt: „Denn der Heilige Geist wird euch in derselben Stunde lehren, was ihr sagen müsst."[142]
> Lasst uns beten: „HERR, macht mich auf die Eingebungen des *Heiligen Geistes* vertrauen." oder „HERR, helft mir, aus dem Karussell innerer Monologe auszubrechen."

---

[138] Lk 9,58c
[139] Lk 10,20b
[140] Lk 10,42
[141] Lk 11,28b
[142] Lk 12,12

Jesus Christus mahnt:

„Gebt Acht, hütet euch vor jeder Art von Habgier!"[143]

Lasst uns beten: „HERR, erweckt und bestärkt in mir die Freude am Verzicht."

Jesus Christus mahnt: „So geht es einem, der nur für sich selbst Schätze sammelt, aber bei Gott nicht reich ist."[144]

Lasst uns beten: „HERR, IHR seid mein Reichtum: Haltet meine Erinnerung daran wach!"

Jesus Christus ermahnt: „Ich bin gekommen, um Feuer auf die Erde zu werfen. Wie froh wäre ich, es würde schon brennen!"[145]

Lasst uns beten: „HERR Jesus Christus, DU setzt uns in Brand: halte ihn am Leben, mach uns glühen und brennen für DICH, GOTT Vater und den *Heiligen Geist.*"

Jesus Christus mahnt: „Denn wer sich selbst erhöht, wird erniedrigt, und wer sich selbst erniedrigt, wird erhöht werden."[146]

Lasst uns beten: „HERR, lehrt mich Demut."

Jesus Christus mahnt: „Wenn du ein Essen gibst, dann lade Arme, Verkrüppelte, Lahme und Blinde ein."[147]

Lasst uns beten: „HERR, lehrt mich schenken, ohne Gegenleistung zu erhoffen." oder „HERR, lehrt mich schenken, wo nichts an Dank zurückkehren wird."

---

[143] Lk 12,15b
[144] Lk 12,21
[145] Lk 12,49
[146] Lk 14,11
[147] Lk 14,13

Jesus Christus erklärt: „Ebenso kann keiner von euch mein Jünger sein, wenn er nicht auf seinen ganzen Besitz verzichtet."[148]

Lasst uns beten: „HERR Jesus Christus, befreie mich von meinem Anhaften an Dinge, Erinnerungen, Überzeugungen: von meinem Besitzen-Wollen."

Jesus Christus ermutigt: „Ebenso wird im Himmel mehr Freude herrschen über einen einzigen Sünder, der umkehrt, als über neunundneunzig Gerechte, die keine Umkehr nötig haben."[149]

Lasst uns beten: „HERR, kräftigt mich, erweckt den immerwährenden Hunger nach Umkehr in mir."

Jesus Christus tröstet: „Mein Kind, du bist immer bei mir und alles, was mein ist, ist auch dein."[150]

Lasst uns beten: „Danke, HERR und GOTT, dass IHR uns/mich liebt."

Jesus Christus erklärt: „Dein Bruder war tot und lebt wieder."[151]

Lasst uns beten: „DU, GOTT, machst aus Toten Lebendige; bringe auch mich zu Leben und Lebendigkeit!"

Jesus Christus sagt: „Macht euch Freunde mit dem ungerechten Mammon, damit ihr in die ewigen Wohnungen aufgenommen werdet, wenn es zu Ende geht!"[152]

Lasst uns beten: „HERR, macht mich großherzig spenden und anderen Wohl tun."

---

[148] Lk 14,33
[149] Lk 15,7
[150] Lk 15,31b
[151] Lk 15,32b
[152] Lk 16,9

Jesus Christus erinnert: „Ihr könnt nicht Gott dienen und dem Mammon."[153]

Lasst uns beten: „HERR Jesus Christus, bleibe mein Vorbild: hilf mir, rückhaltlos Verzicht zu üben zugunsten meiner Liebe zu GOTT."

Lasst uns beten: „HERR, stärke unseren Glauben!"[154]

Jesus Christus erhellt: „Wir sind unnütze Knechte; wir haben nur unsere Schuldigkeit getan."[155]

Lasst uns beten: „HERR, helft mir; befreit mich von meinen Erwartungen."

Jesus Christus bedauert: „Ist denn keiner umgekehrt, um Gott zu ehren, außer diesem Fremden?"[156]

Lasst uns beten: „HERR, verzeiht mir meine Nachlässigkeit im Lobpreis." oder „HERR, haltet in mir Dankbarkeit wach!" oder „HERR, lehrt mich, dem Nächsten zu vergeben, wenn er sich mir gegenüber undankbar zeigt."

Jesus Christus mahnt: „Wird jedoch der Menschensohn, wenn er kommt, den Glauben auf der Erde finden?"[157]

Lasst uns beten: „HERR, schenkt mir die Gnade tiefen, stetig wachsenden Glaubens."

Jesus Christus ermutigt: „Was für Menschen unmöglich ist, ist für Gott möglich."[158]

Lasst uns beten: „HERR, DU allein bist GOTT, DU allein der Höchste. Danke für DEIN Erbarmen."

---

[153] Lk 16,13c
[154] Lk 17,5
[155] Lk 17,10c
[156] Lk 17,18
[157] Lk 18,8b
[158] Lk 18,27

Jesus Christus verspricht: „Denn der Menschensohn ist gekommen, um zu suchen und zu retten, was verloren ist."[159]
Lasst uns beten: „HERR Jesus Christus, danke, dass DU uns rettest, erlöst; danke für DEINE Hingabe und Liebe."

> Jesus Christus prophezeit: „Wenn sie schweigen, werden die Steine schreien."[160]
> Lasst uns beten: „HERR, sie schreien; komm, erlöse uns! Die Welt braucht DICH, wir brauchen DICH!"

Jesus Christus verspricht: „Wenn ihr standhaft bleibt, werdet ihr das Leben gewinnen."[161]
Lasst uns beten: „HERR Jesus Christus, stärke den Glauben in mir; besonders in Momenten der Versuchung oder Anfeindung."

> Jesus Christus spricht: „Tut dies zu meinem Gedächtnis!"[162]
> Lasst uns beten: „HERR Jesus Christus, danke für das Geschenk der *heiligen Eucharistie*! Erhalte in uns die Freude und Dankbarkeit, während wir Heilige Messe und DICH feiern."

Jesus Christus versichert: „Ich aber habe für dich gebetet, dass dein Glaube nicht erlischt."[163]
Lasst uns beten: „HERR Jesus Christus, bete auch für mich; auf dass mein Glaube erstarken möge."

---

[159] Lk 19,10
[160] Lk 19,40b
[161] Lk 21,19 par Mt 24,13 par Mk 13,13b
[162] Lk 22,19c
[163] Lk 22,32

Jesus Christus mahnt: „Lasst es! Nicht weiter!"[164]

Lasst uns beten: „Helft uns, HERR, dass Frieden einkehre und bestehen bleibe!"

Jesus Christus sagt: „Töchter Jerusalems, weint nicht über mich; weint vielmehr über euch und eure Kinder!"[165]

Lasst uns beten: „HERR, schenkt uns reinigende Tränen; danach den Trost EURER Barmherzigkeit."

Jesus Christus betet: „Vater, vergib ihnen, denn sie wissen nicht, was sie tun!"[166]

Lasst uns beten: „HERR, *Heiligste Dreifaltigkeit*, vergebt mir, vergebt uns!"

Jesus Christus verspricht:

„Heute noch wirst du mit mir im Paradies sein."[167]

Lasst uns beten: „HERR Jesus Christus, zieh mich an DICH und mit DIR ins ewige Leben."

Jesus Christus betet:

„Vater, in deine Hände lege ich meinen Geist."[168]

Lasst uns beten: „HERR, *unser Vater*, ich gebe mich DIR ganz; DIR vertraue ich: verfüge nach DEINEM Willen!"

Jesus Christus ermahnt: „Ihr Unverständigen, deren Herz zu träge ist, um alles zu glauben, was die Propheten gesagt haben."[169]

Lasst uns beten: „HERR, öffnet mein unverständiges, träges Herz: weitet es und lasst es für EUCH brennen!"

---

[164] Lk 22,51
[165] Lk 23,28b
[166] Lk 23,34
[167] Lk 23,43b
[168] Lk 23,46b
[169] Lk 24,25

Die Schrift verkündet: „Der Herr ist wirklich auferstanden und ist dem Simon erschienen."[170]

Lasst uns beten: „HERR Jesus Christus, DU bist „der Weg" - zieh uns immer mehr an DICH, stärke uns auf dem Weg der Nachfolge, stärke unseren Glauben!"

---

[170] Lk 24,34

INTERLUDIUM

Eine Hand,

...die bereitwillig zugreift, sobald sich etwas nähert;
...die geben und empfangen möchte, liebkosen und bergen;
Sie packt impulsiv, schneller als ratsam, zu:
ist dann nicht länger leer.

Eine zweite, GOTTES Hand,

...die ergriffen, liebkost werden möchte;
...die unablässig sich entgegenstreckt,
spendend ohne zu zögern;
Solange die erste verschlossen bleibt,
begegnet GOTTES Sehnsucht einer Faust.

Nun öffnet sich - unbeholfen, beschämt, dann bar jeder Zurückhaltung - die erste Hand. Hinaus stürzen Ängste, Sorgen, Nöte; Ärger, Wut, Verbissenheit. Der Tränen Lebendigkeit spült den Schmutz der Verblendung fort... wäscht rein das Herz. Es kann sich von der göttlichen ergreifen lassen, antwortend erfassen.

Es finden sich beide in der selig machenden Gebärde
des Gebets.

"Ihr seid das Licht der Welt."[171]
Meditation in Form eines Gleichnisses

Sie wirkt so un-schein-bar, glanz-los... eine Zelle ohne Pracht. Dann geht die Sonne auf, strahlt ihre Kraft hinein. Solange fern eines sinngebenden Umfeldes, bleibt unverändert matt die Zelle. Eingesetzt jedoch, in eine Lampe etwa, erhellt durch ihre Wirkung sich der Raum. So kann, wenn sie mit anderen ihrer Art zu Gemeinschaft verknüpft wird, mitunter eine ganze Stadt erleuchtet werden.

Die Solar-Zelle, das ist ein Christenmensch. GOTT erfüllt ihn mit Leben, Liebe, Licht. Für sich allein bleibt diese Gabe unsichtbar, genauso wie der Mensch. In einem Umfeld, wo diese *Sonnen*kraft lebensspendend eingebracht wird, können als Früchte Dankbarkeit, Freude, Liebe und Frieden geerntet werden.

Die über allem stehende *Sonne der Gerechtigkeit* ist allzeit gegenwärtig, wir dürfen uns Kraft holen, uns aufladen lassen überall dort, wo Jesus uns direkt begegnet: in SEINEM Wort, im Sakrament des Altars, im Sakrament der Vergebung. -

Unmittelbarkeit ist indes entscheidend: nicht Sekundärliteratur, nicht Vergleichen verschiedener Predigttexte... Gebet mit der Heiligen Schrift; Gebet vor dem Tabernakel (/der Monstranz auf dem Altar), Bekenntnis der Reue bei der Beichte.

*

Erfahrungsbericht zu ‚Frucht'

Jesus Christus erhellt: „An der Frucht also erkennt man den Baum"[172], bzw. „An ihren Früchten werdet ihr sie erkennen"[173] und Elisabet,

---

[171] Mt 5,14
[172] Mt 12,33c
[173] Mt 7,16.20

„vom Heiligen Geist erfüllt, rief mit lauter Stimme: Gesegnet ist die Frucht deines Leibes."[174]

Ich trage DICH in meinem Herzen wie eine Mutter ihr noch nicht Geborenes im Leib. Wenn dann „mein Herz überfließt und mein Mund davon spricht"[175], bist DU die Frucht, die meinem Nächsten zur Speise werden kann: „Kostet und seht, wie gut der HERR ist!"[176]

*

über Risse, Verletzungen

Der Kelch aus Holz beginnt zu sprechen: „Ich weiß natürlich, dass ich schön bin. Außerordentlich schön sogar. Mein Schöpfer hat sich selbst übertroffen. -- Ins Leben dieser Welt gesetzt, wandere ich von Hand zu Hand, jede berührt mich auf ihre Weise, befüllt mich mit Erwartungen. Niemand erfasst mein Wesen... Was nützt mir meine Schönheit, wenn der Druck zu groß wird? Das in mich Gegebene zu Raum greifend? Bersten bleibt der einzige Ausweg..."

Das in ihn gegossene Wasser tritt aus, verteilt sich
auf dem Untergrund.

„Durch meine Schadhaftigkeit geronnen Wert und Bedeutung, nicht länger kann ich meiner Funktion gerecht werden. Also entsorgt man mich; entledigt sich meiner."

Durch Wertschätzung, dass er ist,
kommt mit der Zeit die Eingebung einer neuen Aufgabe.

„Wenn Menschen mich verwerfen, bleibe ich dennoch schön. Mein Schöpfer fängt mich auf. Weil SEINE Hände mich umschließen, berge ich Sinn. ER befüllt mich mit Inhalt, den ich trotz meiner Risse tragen und bewahren kann."

---

[174] Lk 1,41b.42b
[175] vergl. Mt 12,34b
[176] Ps 34,9

Der Kelch aus Holz spendet nun einer Kerze Geborgenheit,
deren Flammenlicht seine Risse durchschimmert;
von innen leuchtend, strahlt er dieses Licht in seine Umgebung.

(s. Bild auf dem Buchdeckel)

*

Du allein, HERRE mein, sollst in meinem Herzen sein.
Brenn und wasch es rein, zieh hinein:
Höchster, Du allein!

*

Meditation zum Gleichnis vom Sämann[177]

„Hört! Siehe, ein Sämann ging hinaus, um zu säen.[178] [...] Der Sämann sät das Wort."[179]

Ein Teil des Samens fiel auch in mich. Er „keimt und wächst"[180] darinnen. „Größer als alle anderen Gewächse, [...] große Zweige treibend"[181] : das kann ich nicht versprechen. Gleichwohl für ausreichend und regelmäßige Bewässerung sorgen; kann Raum schaffen, auf dass der Samen nicht ersticke. Gebet bewässert, das Meiden von Zerstreuung, von Abwegen bewahrt den Nährboden vor Unkraut und

---

[177] s. Mk 4 par Mt 13 par Lk 8,4 ff
[178] Mk 4,3
[179] V. 14
[180] V. 27b
[181] V. 32

Enge. Jeden Tag besuche ich das Beet, erfreue mich daran, dass etwas lebendig wird, still und verborgen. „Die Erde bringt von selbst ihre Frucht."[182] Ich aber darf staunen; sie nach der Ernte DIR, „meinem HERRN und meinem GOTT"[183], als *Erstling*[184] zurückschenken.

*

der bunte Alltag - 1

„Achte auf Deine Mitte!" Also spricht der Teebeutel. „Ich bin das Alpha und das Omega, der Erste und der Letzte, der Anfang und das Ende,"[185] spricht Jesus Christus, unser HERR.

Wiederum bist DU „der Weg und die Wahrheit und das Leben"[186], der einzige „Mittler zwischen Gott und den Menschen"[187], somit *die Mitte* allen Seins.

Mittig zwischen Alpha (α) und Omega (Ω) sitzen im griechischen Alphabet sowohl Mµ (μ) als auch Ny (ν). ‚Mü' (eine geringe Menge) - und ‚Nu' (ein winziger Moment): beides trifft zu, wenn GOTT sich erfahrbar macht. ER lässt aus Geringstem, aus dem „kleinsten von allen Samenkörnern"[188], ein ganzes Himmelreich erstehen; ER wirkt im gegenwärtigen Augenblick, zeigt sich im Nu. Jesus Christus, unser HERR, ist nicht allein Anfang und Ende, ER ist unser Alles, denn gleichzeitig ist ER und führt uns hin zu GOTT.

„Achte auf Deine Mitte", spricht der christliche Teebeutel: und hat Recht.

*

---

[182] V. 28
[183] Joh 20,28b
[184] vergl. Ex 23,19
[185] Offb 22,13
[186] Joh 14,6b
[187] 1 Tim 2,5
[188] Mk 4,31b

„Der Wind weht, wo er will."[189] Mitunter direkt hinein in den deutschen Schlager der frühen 80er. Chris Roberts kann singen: „Jeder Tag wird geprägt durch die Liebe"[190], ferner: „Jeder Tag wird ein Tag erst durch die Liebe allein"[191] und greift mit der titelgebenden Frage: „Hab' ich Dir heute schon gesagt, dass ich Dich liebe?" jedem aktuell angesagten Lobpreissänger zuvor.

*

Ein Besuch im Planetarium rückt eindrücklich nahe, wie unbegreiflich weit das Universum reicht. Das All ist, weil GOTT es will. ER will noch etwas Anderes: den Menschen. Jeden Menschen. Dich, mich; unser Sein als Wir. ER will lieben, weil ER die Liebe ist: „Wir haben die Liebe, die Gott zu uns hat, erkannt und gläubig angenommen. Gott ist Liebe, und wer in der Liebe bleibt, bleibt in Gott und Gott bleibt in ihm."[192]

Vielleicht ist dies das größte Geheimnis unter allen: dass GOTT den Menschen lieben will, dass ER uns liebt! Denn warum eigentlich? Die überwältigende Fülle und Weite des Seins, der Galaxien, all dessen, was existiert: Warum liebt GOTT dasjenige, welches weniger als ein Sandkorn wiegt? „Seh ich deine Himmel, die Werke deiner Finger, Mond und Sterne, die du befestigt: Was ist der Mensch, dass du seiner gedenkst, des Menschen Kind, dass du dich seiner annimmst?"[193]

ER tut es. Der Mensch, jeder Einzelne, ist in SEINER Hand geborgen. Inmitten des Handtellers - ohne weiteres kann dem niemand entfallen. Damit aber diese Geborgenheit unter allen Umständen gesichert

---

[189] Joh 3,8
[190] Warner Chappell Music, Inc
[191] ebd.
[192] 1 Joh 4,16
[193] Ps 8,4.5

bleibe, legt GOTT eine zweite schützend - bergend - darüber. Versehentliches Hinaus ist ausgeschlossen. Der Schutz, die Liebe GOTTES ist größer.

Diese Wahrheit, wer mit Sinnen sie bestaunen und greifen möchte: er besuche das Planetarium!

*

„...denn nur einer ist euer Lehrer, Christus."[194]

Was wir lernen können: sprechen, lesen, schreiben, rechnen, zeichnen, turnen, singen; Spiele, Sportarten, ein Instrument, Rad- und Autofahren, Fremdsprachen; gesundes Atmen/Ernähren, kochen, backen, nähen, Handarbeiten; tischlern, töpfern, weben, pflanzen; das Miteinander, Umsicht, Rücksicht, Nachsicht, Weitsicht...

„Aber nur eines ist notwendig"[195]: „HERR Jesus Christus, lehre uns GOTT zu schauen!"

*

Anbetung - Einbettung

GOTT wohnt im Tabernakel.
Unvorstellbar: GOTT im Schränkchen?

Vielleicht so:
Das Herz des christlichen Glaubens wohnt im Tabernakel.
Jesu Herz, hingegeben seit Karfreitag, unablässig Liebe strömend: SEIN Herz bewohnt die Kirchen.

Die Liebe Jesu Christi, GOTTES Liebe, strahlt bei geöffnetem Tabernakel, bei ausgestellter Monstranz, uns unbehindert an; streckt sich

---

[194] Mt 23,10b
[195] Lk 10,42

SEINER Schöpfung entgegen, sehnend,
lebensspendend.

Jesu Herz ist eine Hand, die mich trägt: meine Tränen, mein Lachen,
sei ich Stille oder tröstend.
Des *Höchsten*, des *himmlischen Vaters* Hand legt sich
darüber: bergend, wärmend, segnend.

Getragen-geschützt von diesen beiden Händen, Jesu Herz, des *Va-*
ters Segen, und erfüllt vom *Parakleten*, Geist des
Gebets und der Wahrheit, bin ich in Liebe gebettet.
Doch nicht nur ich: die *Heilige Dreifaltigkeit* bettet ein jedes Kind,
die ganze Welt in ihrer Liebe.

Einbettung -- Anbetung

*

Wieder einmal bist DU da. Verlässlich, immer, einfach: gegenwärtig.
Der Tabernakel steht offen, das Ziborium strahlt, darinnen DU. Rufst
ermutigend: „Komm her, mir nach!"[196]

So mache ich mich winzig klein, lege mich hinein zu DIR. Alles ist
Friede. - Stunden später schickst DU mich hinaus-hinein in die Welt,
aber nicht mich, DICH in und bei mir.

Alles wird Segen.

---

[196] vergl. Mk 1,17

DAS IMMERGRÜN

In den durch die Heilige Schrift inspirierten Gebeten drückt sich das ‚Aufgebot' der gewünschten und bestehenden Vereinigung Jesu Christi mit SEINER Heiligen Kirche, GOTTES mit SEINEM Volk aus. Es zeigt sich, dass kein Lebensbereich existiert, der von *der Wahrheit*, d.h. Leben, Lehren und Wirken unseres HERRN Jesus Christus, unberührt bliebe. In Bedrängnis oder Not kann man sich an das in den Evangelien Verkündigte wenden; den Vergleich aufstellen; wahrnehmen, dass dieselben Nöte und Drangsale schon zu Lebzeiten unseres Erlösers vorherrschten. Das verhilft einerseits zu Demut: Auch mit unserem ganz persönlichen Kummer sind wir weder einzigartig, noch so außergewöhnlich, wie wir uns oft den Anschein geben. Andererseits nehmen wir unsere Nachfolge Christi ernst, sobald wir beginnen, SEINEN Weg und SEINE Lehren als tatsächlich existierende Lebenshilfe anzuerkennen. Die Verkündigungen über Jesus Christus, unseren HERRN, werden ganz konkret zur *Frohen Botschaft*.

Die Gebete sind griffig, finden leichten Eingang ins Gedächtnis. Bei regelmäßigem Gebrauch entsteht eine Verfassung immerwährenden Gegenwärtigwissens GOTTES, wachsender Hingabe. Glaube wird daseinsformend. ‚Hunger' und Freude auf tägliche Lektüre der Heiligen Schrift sind inbegriffen. Im haptisch erlebbaren Wort, mit SEINER *Offenbarung*, tritt unser HERR und Schöpfer an jeden Einzelnen heran.

Kapitel drei und sechs („HERR, lehre uns beten!") stellen Gebete vor, die auf eine konkrete Situation gründen und antworten. Sie kann wie vormals erwähnt übertragen werden: Auch anno 2025 dürfen wir fruchtbringend, d.h. zu unserem Heil, mit der Heiligen Schrift beten. Als *Offenbarung*, GOTTES Wort, ist sie ewig gültig. Manche der Gebete helfen bei einem akut eintretenden Not-Fall. Danach versinken sie in tiefere Regionen des Bewusstseins. An wiederum allgemein gültigen seien beispielhaft genannt:

„Himmlischer Vater, HERR, danke, dass DU mich rufst.
Danke, dass DU mir das Gebet schenkst."

„HERR, bewahrt mich vor mir selbst." oder
„HERR, befreit mich von mir selbst."

„HERR, *unser Vater*, zeige mir DEINEN Willen auf
eindeutige Weise, ich bin verständnisträge."

„HERR, DEIN Wille geschehe: bremse mich in meinem Tun,
sollte dieses nicht DEINEM Willen entsprechen."

„HERR, ich liebe EUCH: weitet mein Herz, reinigt es,
auf dass IHR EUCH wohlfühlen könnt."

„HERR, *Heiliger Geist*, forme mich zu einem Instrument,
durch das DU klingen möchtest."

„HERR, wozu ratet IHR mir? Was soll ich tun?"

„Helft mir, HERR, ohne EUCH kann ich nichts tun."
oder „Hilf mir, GOTT, hilf uns allen!"

„HERR, handelt in mir und durch mich."

„HERR, erinnert mich daran, dass ich EUCH liebe!"

„HERR, tut was immer IHR wollt mit mir:
ich sage Ja zu allem!"

„Helft, HERR, schenkt mir Treue, dass ich stets aufs Neue
EUCH gehorsam bin!" (zur Melodie von GL 440)

„HERR Jesus Christus, DU starbst für mich und auch
für meinen Widersacher: hab Erbarmen mit uns."

„HERR, IHR seid allzeit gegenwärtig: helft mir,
diese Wahrheit in ganzer Tiefe und Weite anzunehmen."

*

Ein regelmäßiges GOTT Danksagen versteht sich von selbst; u.a. dafür, dass ER uns die Kraft zur Bewältigung von Notlagen schenkt; ein allzeit offenes Ohr für unser Flehen hat; jedes SEINER Kinder am Leben will:

„HERR, danke, dass IHR mich hört und erhört!"

Des Weiteren gibt es Gebete, deren immerwährende ‚Verköstigung' anzuraten ist:

„HERR, offenbart mir, wie ich EUCH heute
am besten lieben kann. Helft mir, EUCH zu lieben."

„Heiligste Dreifaltigkeit, wirkt in mir: verändert mich!"

„HERR Jesus Christus, heile mich!
Nur DU kannst es, wenn DU willst."

„HERR, *himmlischer Vater*, befreie mich, DEIN Kind."

„HERR, vergebt mir!"

„HERR, macht mich demütig;
wandelt mich zu dem-/derjenigen, der/die EUCH gefällt."

„HERR, *Heiliger Geist*, lenke heute
meine Gedanken, Worte, Taten."

„HERR, schenkt mir bitte genau so viel Kraft, wie ich für die Bewältigung des Heutigen benötige."

„HERR, *unser Vater*, eröffne mir DEINEN Willen und hilf mir, dass ich
ihm heute entsprechen kann."

*

im Alltag

Bei aller Sehnsucht, dem festen Willen nach innigem Begegnen mit
GOTT kommt es doch zu Perioden des Zerstreutseins. Das Leben
bricht hinein, vielleicht gar über einem zusammen. Der geschäftige
Geist ist kaum zu bändigen, so scheint es. Jetzt ist es entscheidend,
um das Geschenk der Hinwendung zu bitten, um einen Wächter für
die Gedanken gewissermaßen:

„HERR, macht mich leise und aufmerksam für EURE Weisung."

Dem folgt:

„HERR, schenkt mir Unterscheidungskraft." oder
„HERR, *himmlischer Vater*, schenke mir die Gabe,
die Zeichen DEINES Willens erkennen zu können."

Alsdann wird die Gnade GOTTES dazu befähigen, die vorherrschende
als Belastung / als Leid erfahrene Situation im rechten Licht zu be-
trachten: der *Heilige Geist* erhellt. Dem schließt sich die Lektüre der
Heiligen Schrift an, die dem Auffinden eines entsprechend angemes-
senen Gebets dient.

*

‚Ich glaube!' sagt authentisch nur derjenige, der DEINE Nähe, der DICH gegenwärtig erfährt. Zu wissen, dass DU in den Kirchenräumen ‚wohnst', dass inmitten DEINER Heiligen Kirche DU wirkst, in den Sakramenten DICH schenkst: es ist gut. Indessen wichtiger noch das Erleben dieses DEINES Gegenwärtigseins. Wer DICH so spürt, GOTT in ihm, sich selbst geborgen in GOTT, der wünscht nur noch eines: bei DIR zu verweilen, unablässig, immerzu.

GOTTES Gnade und Güte ist es zu verdanken, wird dieses Erlebnis geschenkt. Wieder und wieder dürfen, ja sollten wir darum bitten: „HERR Jesus Christus, schenke mir die lebendige Wahrnehmung DEINER Gegenwart!" -

In Momenten des Zweifelns: „DU, GOTT, in DEINER *Heiligsten Dreifaltigkeit*, liebst mich." - Wer dies ununterbrochen in sich widerhallen lässt, dessen Härte löst sich. GOTTES Licht wird alles Starre durchbrechen, Verworrenheit, Ängste, Zweifel, Verblendung auflösen. „DU, GOTT, liebst mich.": findet diese Wahrheit einmal Einzug ins Herz, kann nichts mehr trennen vom Wunsch, bei GOTT verweilen zu wollen.

In Momenten bewusster Wahrnehmung der Erbärmlichkeit der eigenen Seele - i.e. immer dann, wenn das kleine menschliche Ich sich überhebt und aufbläht - hilft als Kur: „DU, HERR Jesus Christus, hast DICH für mich foltern, kreuzigen, töten lassen. DU bist für mich gestorben." Die Betrachtung dieses Umstands wird das Ich in die Knie zwingen.

*

---

[197] Mk 9,24b

die Fürbitte

Einen eigenen, authentisch gepflegten Zeitraum sollte stets die Fürbitte einnehmen. Für die bekannten Nächsten mitsamt ihren persönlichen Anliegen; ferner und in besonderem Maße das Beten für die Heilige Kirche: Oft erflehen wir die Heilung körperlicher Gebrechen, das Gesunden Krankliegender, die Stärkung für Menschen in chronischem Leiden. Unsere Heilige Kirche hingegen wird übergangen. Dass dieselbe krankt, wird niemand bezweifeln. Beten wir also für ihre Heilung und um Kräftigung des *Leibes Christi*. Auch hier gilt die Mahnung Jesu, unseres HERRN: „Weil du mich gesehen hast, [betest] du. Selig sind, die nicht sehen und doch [beten]."[198]

Die Fürbitte schließt ebenfalls noch nicht glaubende Mitmenschen ein. Die Liebe GOTTES im eigenen Leben zu spüren, den Segen SEINER Gnade, öffnet das Herz, lässt wünschen, dass allen Geschöpfen, zumal Kindern GOTTES, dieselbe Gnade geschenkt werden möge. Ein weites Herz gibt seinem Nächsten Raum.

Beten wir auch für Menschen, die sich schwer versündigten. Jeder von uns wird mindestens einmal im Leben den Schmerz der Reue über eine begangene Missetat erleiden. Ein Schmerz, der sich erst mildert, gar auflöst, sobald uns Vergebung zugesprochen wird. Bleibt diese aus, kämpfen wir aus alleiniger, niemals ausreichender Kraft um die Tilgung solchen Schmerzes aus dem Bewusstsein. Wir werden versuchen, ihn zu unterdrücken; ihn zu überspielen / klein zu reden; uns abzulenken... alles eitel Mühen! Unser Herz wird fortleiden, Wunden offen bleiben. Wer diesen Schmerz kennt, zudem die Erfahrung von GOTTES balsamischer Barmherzigkeit und Vergebung, betet, dass allen Menschen dieselbe Salbung geschenkt werden möge. Trösten wir uns mit Jakobus' Versprechen:

„Das gläubige Gebet wird den Kranken retten und der Herr wird ihn aufrichten; und wenn er Sünden begangen hat, werden sie ihm

---

[198] n. Joh 20,29

vergeben. Darum bekennt einander eure Sünden und betet füreinander, damit ihr geheilt werdet!"[199]

*

ein Spaziergang zum Segen vieler

Ein beglückendes Unterfangen ist der ‚Fürbitte-Spaziergang'! Gleich wem man begegnet, man bittet GOTT still darum, jenen zu segnen, bittet um dessen Wohl. - Erfreulich ist, wenn es mit den Passanten sogar zu Blickkontakt kommt.

„HERR, DU blickst mich an in diesem Menschen; danke, dass DU DICH so offenbart zeigst, im Antlitz meines Nächsten! Segne und schütze ihn/sie; erfülle ihn/sie mit DEINEM Frieden!"

*

Feindesliebe

Vergeben ist alltägliche Aufgabe, einziges Mittel zur Bewältigung desselben; überdies eine Zumutung. Dass das Bedürfnis nach Vergebung in uns erwacht, bezeugt ein bestehendes Zerwürfnis. Dies wiederum impliziert Verletztsein. Vielleicht schenkte GOTT uns diese Vergebungsbedürftigkeit, um uns gewahr werden zu lassen, dass ER uns nach SEINEM Bilde schuf (s. Gen 1,26). In dem Moment, da wir uns der Zumutung stellen, ‚Ja!' sagen, vollzieht sich Verbindung, wird Eintracht geschaffen, die Grundlage für Liebe. Untereinander, damit auch zu GOTT. Unser Vermögen Vergebung zu leben ist leibhaftig erfahrbares Zeichen unserer Ebenbildlichkeit; ist zweitens eine Etüde in diese hinein; eine Erinnerungshilfe daran, wer unser Schöpfer ist

---

[199] Jak 5,15 f.

und als was ER uns schuf. In diesem Vermögen drückt sich die uns geschenkte Freiheit aus. Frei ist dasjenige Handeln, das sich fixierenden Erwartungen (auch den eigenen) widersetzt, das nichts zurückverlangt oder erhofft, dem (wahren) Schenken gleich. Wer auf diese Weise schenkt, erweist sich seiner Ebenbildlichkeit würdig. Ereignisse, die uns die Wahl ermöglichen - vergeben oder nicht -, sind demnach direkte Einladungsgesten ins Himmelreich GOTTES. «Le royaume de Dieu est proche. Changez d'attitude et croyez à la bonne nouvelle.»[200] „Kehrt um" lautet im französischen Evangelium „ändert die Einstellung/den Gesichtspunkt". Ein Ablassen von persönlichen Überzeugungen zugunsten des sich dem göttlichen Willen Hingebens ist Ausdruck größtmöglicher Freiheit.

Wenn ein Nächster pöbelt, dürfen wir, den *Geist der Liebe* in uns wissend, sogleich ein Bittgebet für den Schimpfenden zum HERRN schicken. Statt mit Ärger zu antworten, bitten wir für jenen und für uns um den Segen GOTTES. „Das Himmelreich ist nahe": Wenden wir uns ihm zu, jetzt, in diesem Augenblick!

GOTT will SEIN Kind am Leben: das bedeutet, dass ER dessen ununterbrochen gedenkt. Unterließe ER es einst, hörte der Mensch unverzüglich zu existieren auf. Und umgekehrt? Wie oft ,vergessen' wir SIE, denen wir doch alles verdanken? „Weil IHR mich wollt, *Heiligste Dreifaltigkeit*, darf ich sein." Dass jener pöbelnde Nächste ,ist', oder eine Dritte, mir so häufig auf die Nerven Gehende... es bezeugt: IHR wollt auch diese am Leben. Das führt uns zusammen: wir sind gewollte und geliebte Kinder GOTTES. Niemand steht unter Zwang seine/n Nächste/n zu ,mögen'; es reicht vollkommen hin, ihn/sie zu lieben.

,Feind', das sind auch all diejenigen, die uns ernüchtert haben: Unvoreingenommenes Begegnen fällt schwer nach (zumal tiefer) Enttäuschung. Damit aber bleibt Trennung spürbar, die sich womöglich auswächst; sie zersetzt das Miteinander unter Nächsten. Was anders stellt ,Feind' dar denn das Pendant zum Götzen? Sehr treffend ist von

---

[200] Mk 1,15

Feind*bild* die Rede: auf die Oberfläche des Gegenübers wird jedes Zorn, Wut, Ablehnung, gar offenen Hass Evozierende projiziert. Wie ein Götze zur Anbetung erhoben wird, so der Feind zur Verachtung. Gebet konkret für diese Menschen öffnet unser Herz, schwemmt Bitternis fort. „Daran werden alle erkennen, dass ihr meine Jünger seid: wenn ihr einander liebt."[201] Wie wahrheitsgemäß tragen wir unseren unverdient geschenkten Namen ‚Christ'? Das dürfen wir täglich hinterfragen, ins Lichte GOTTES halten, auf dass uns Einsicht erwachsen möge, wo es uns an Authentizität mangelt.

Es ist Lästern GOTTES, wenn wir unserem ‚Feind' nicht vergeben: Wir bekennen uns zu dem Glauben daran, dass Jesus Christus für die Menschen sich sühnend hingegeben hat, für einen jeden! In der oder dem sich anders als gewünscht Verhaltenden dürfen wir Jesu Liebe sehen. Man erinnere hierfür jene Brillen mit bunt gefärbten Gläsern: ein Durchblicken taucht die Welt alsbald in Farbe. Ein solcher Filter ist die Monstranz, mit dem *Allerheiligsten* darinnen. Tragen wir diese Brille außerhalb der Anbetung, die Monstranz allzeit erinnernd, so wird unser Blick auf die Welt nicht etwa *rosarot*, sondern jesuanisch. Jeder Ärger ist aufgelöst!

*

die Antilitanei-Litanei

„HERR, helft mir! - Die Situation belastet mich. - HERR, helft mir! - Sie lenkt mich ab von EUCH. - HERR, helft mir! - Sie soll mir zu meinem Heil gereichen. - HERR, helft mir! - Die Kraft sie zu überstehen schenkt IHR mir. - HERR, helft mir! - Schenkt mir Kraft! - HERR, helft mir! - Helft mir, inmitten des Dunkels das Licht der Hoffnung zu erblicken! - HERR, helft mir! - Helft mir, das Leid, mein Kreuz, dankbar

---

[201] Joh 13,35

anzunehmen und zu tragen! - HERR, helft mir! - Es ist nichts im Vergleich mit Golgotha. - HERR, helft mir! - IHR werdet alles zu meinem Besten wenden. - HERR, helft mir! - „HERR, auf DICH vertraue ich: in DEINE Hände lege ich mein Leben."[202]

*

ein Leben unausgesetzter Weihe

„Heiligste Dreifaltigkeit, weil IHR mich liebt,
kann ich... Danke."

So könnte eine jede Beschäftigung, Arbeit, Handlung, Tat einleitet werden. Der ganze Tag wird damit zu einem ‚Weih-Ruach'[203] zur Ehrung GOTTES. Unser Wirken wird geweiht, indem wir es als Gebet der *Heiligsten Dreifaltigkeit* darbieten.

Dem Nächsten, der uns den Vortritt lässt, die Tür aufhält, eine kleine Handreichung zubilligt, danken wir. Selbstverständlich. GOTT setzt uns ins Leben, jeden neuen Tag. Danken wir IHM ausreichend?

Keine Beschäftigung ist zu gering, um anzuerkennen, dass GOTT uns geschaffen hat und uns im Leben will. Mit anderen Worten: „Gütiger GOTT, *Heiligste Dreifaltigkeit,* weil IHR mich liebt, kann ich jetzt staubsaugen. Danke."

„Sagt Gott, dem Vater, jederzeit Dank für alles im Namen unseres Herrn Jesus Christus!"[204]

*

---

[202] aus dem Stundengebet, Responsorium der Complet, nach Ps 31,6
[203] ruach - hebr. Geist, Atem GOTTES
[204] Eph 5,20

sich dem HERRN aussetzen

Es wird vorkommen, dass die eigene Seele unmissverständlich, unentrinnbar erkennt, wie kümmerlich sie ist: Insbesondere, wenn sie sich im Angesicht des HERRN befindet, bei der Stillen Anbetung des allerheiligsten Altarsakraments. Dieses Empfinden ist unbedingt auszuhalten! Gerade nun, da Leib und Seele der Herrlichkeit des HERRN ausgesetzt sind, kann tiefe Heilung geschehen. Eine Hilfe, um diese mitunter ‚Qual' der Läuterung leichter durchzustehen, stellt einerseits dasjenige Gebet dar, dessen Worte uns der Schächer an Jesu Seite eingibt, in Verbindung gebracht mit dem Kehrvers aus der Kreuzwegandacht:

„Jesus, denk' an mich, wenn Du in Dein Reich kommst"[205], denn durch DEIN heiliges Kreuz hast DU die Welt erlöst.

Andererseits fängt das ‚Kyrie eleison' auf: Für jede Station des Kreuzwegs kann man dreimal bitten: „Kyrie eleison!" Während dieser 42 Erbarmensanrufungen werden Leib und Seele von Wandel berührt.

*

Dein Wille geschehe

Bei/in GOTT ist alle Weisheit[206]. „GOTT ist Liebe."[207] Jesus Christus, Sohn GOTTES, ist „der Weg und die Wahrheit und das Leben."[208] Wer außer IHM wäre demnach besser imstande zu erkennen, was für einen jeden von uns das Beste ist? Ganz nüchtern betrachtet lautet somit die allumspannende, heilbringende Bitte:

„HERR, DEIN Wille allein geschehe!"

---

[205] Lk 23,42
[206] vergl. Sir 1,1 & VV 5,8 u.w.m.
[207] 1 Joh 4,8b
[208] Joh 14,6

Gut ist es zu erbitten: „HERR, *unser Vater*, sag mir, welche Entscheidung ich treffen soll, um in Übereinstimmung mit DEINEM Willen zu leben."

Weitaus besser noch: „HERR, *himmlischer Vater*, entscheide DU in allem. Was es auch sei, ich nehme alles dankbar an, füge mich DEINEM Willen."

*

Meditation in Form eines Gebets:
DU, HERR und GOTT, bist Liebe. Liebe heißt zu geben. DEIN Wille ist Geben-Wollen.

Soll DEIN Wille allein gültiges Maß sein, soll unser Streben und Trachten die Erfüllung DEINES Willens sein, bedeutet dies abzulassen vom Haben-Wollen, uns auf ein Geben-Wollen einzulassen. Unser Haben-Wollen überschreitet die Gier nach Materiellem; auch Aufmerksamkeit, Recht, Anerkennung u.w.m. wollen wir haben.

Solcher Besitz indessen besetzt, unterbindet Freiheit, Gottes- und Nächstenliebe. Nach Aufmerksamkeit, Recht u.a. Gierende handeln wir als Besessene, bleiben von Geben, von Liebe fern; bemühen uns stattdessen, jedes Gegenüber ‚mund-tot' zu schreien. Hier ist unser Haben-Wollen bereits ein Akt offener Gewalt.

Sich zu bescheiden, wie schwer es doch fällt! Keine Aufmerksamkeit, kein Recht haben wollen! Gerade in dieser Welt, wo alles dazu drängt, dass nur solches zähle...

Du offenbarst uns ein Bild, das Abhilfe schaffen kann: „Ich bin nur Gast auf Erden."[209]

‚Gast' ist, wer nichts sein eigen nennt, zugleich von der Hoffnung auf Gastfreundschaft erfüllt sein darf. Gebende damit, vielleicht ein Geschenk, zumindest aber uns selbst, unsere Aufmerksamkeit. Nun um die Kurzweil des Besuchs Wissende...

---

[209] Ps 119,19

„HERR, LEHRE UNS BETEN!" - 2

aus dem *Heiligen Evangelium* nach Johannes

„Allen aber, die ihn aufnahmen, gab er Macht, Kinder Gottes zu werden, allen, die an seinen Namen glauben, die nicht aus dem Blut, nicht aus dem Willen des Fleisches, nicht aus dem Willen des Mannes, sondern aus Gott geboren sind."[210]

Jesus Christus fragt: „Was sucht ihr?"[211]
Lasst uns beten: „HERR, *Heiliger Geist*, halte in mir diese Frage wach, die Sehnsucht nach dem Leben und der Wahrheit."

Jesus Christus sagt: „Kommt und seht!"[212]
Lasst uns beten: „HERR, beschenkt mich mit einer immerwährenden Haltung des Staunens und der Offenheit."

Jesus Christus erklärt: „Was aus dem Fleisch geboren ist, das ist Fleisch; was aber aus dem Geist geboren ist, das ist Geist."[213]
Lasst uns beten: „HERR, *Heiliger Geist*, erfülle mich ganz."

---

[210] Joh 1,12 f.
[211] Joh 1,38b
[212] Joh 1,39
[213] Joh 3,6

Jesus Christus sagt: „Wer aber von dem Wasser trinkt, das ich ihm geben werde, wird niemals mehr Durst haben."[214]
Lasst uns beten: „HERR, IHR spendet Wasser ewigen Lebens: speist mich damit, erhaltet in mir den Durst danach aufrecht."

Jesus Christus sagt: „Gott ist Geist und alle, die ihn anbeten, müssen im Geist und in der Wahrheit anbeten."[215]
Lasst uns beten: „HERR, *Heiliger Geist*, bete in mir, erfülle mich mit Gebet, Wahrheit und der Sehnsucht nach beidem."

Jesus Christus sagt: „Wenn ihr nicht Zeichen und Wunder seht, glaubt ihr nicht."[216]
Lasst uns beten: „HERR, *Heiliger Geist*, vermehre in mir den Wunsch der Nachfolge, unabhängig von sichtbaren ‚Zeichen'."

Jesus Christus fragt: „Willst du gesund werden?"[217]
Lasst uns beten: „HERR, *Heiligste Dreifaltigkeit*, ja, ich will gesund sein: Heilt mich, lasst mich gesunden!"

Jesus Christus sagt: „Was nämlich der Vater tut, das tut in gleicher Weise der Sohn."[218]
Lasst uns beten: „HERR Jesus Christus, Sohn des lebendigen, allmächtigen *Vaters*, erbarme DICH unser!"[219]

Jesus Christus sagt:
„So macht auch der Sohn lebendig, wen er will."[220]

---

[214] Joh 4,14
[215] Joh 4,24
[216] Joh 4,48
[217] Joh 5,6b
[218] Joh 5,19c
[219] Jesusgebet, vergl. Ostkirche
[220] Joh 5,21b

Lasst uns beten: „HERR Jesus Christus, mach mich lebendig!"

> Jesus Christus verspricht: „Wer mein Wort hört und dem glaubt, der mich gesandt hat, hat das ewige Leben."[221] Lasst uns beten: „HERR Jesus Christus, bitte für uns beim *Vater*; ich vertraue auf DICH!"

Jesus Christus erklärt: „Mein Gericht ist gerecht, weil ich nicht meinen Willen suche, sondern den Willen dessen, der mich gesandt hat."[222]
Lasst uns beten: „HERR Jesus Christus, richte mich nach der Gerechtigkeit DEINES *Vaters*, dann wird alles gut sein."

> Jesus Christus sagt: „Ihr erforscht die Schriften, weil ihr meint, in ihnen das ewige Leben zu haben; gerade sie legen Zeugnis über mich ab."[223]
> Lasst uns beten: „HERR, schenkt mir rechte Einsicht; wahres Erkennen und Verstehen."

Jesus Christus fragt: „Wie könnt ihr zum Glauben kommen, wenn ihr eure Ehre voneinander annehmt, nicht aber die Ehre sucht, die von dem einen Gott kommt?"[224]
Lasst uns beten: „HERR, reinigt mich vom Wunsch und Verlangen nach menschlicher Anerkennung." oder „HERR, stärkt in mir das Wissen, dass EUCH allein die Ehre zukommt, Lobpreis und Dank."

> Jesus Christus sagt: „Müht euch nicht ab für die Speise, die verdirbt, sondern für die Speise, die für das ewige Leben bleibt und die der Menschensohn euch geben wird!"[225]

---

[221] Joh 5,24b, vergl. Joh 6,47b, vergl. Joh 8,51b
[222] Joh 5, 30b
[223] Joh 5,39
[224] Joh 5,44, vergl. Joh 8,14 ff
[225] Joh 6,27

Lasst uns beten: „HERR, befreit mich von meinen gering zu achtenden Sorgen; erweckt in mir den Hunger nach dem Brot des Himmels, das mir ewiges Leben bringt."

Jesus Christus klärt auf: „Das ist das Werk Gottes, dass ihr an den glaubt, den er gesandt hat."[226]
Lasst uns beten: „HERR, ich glaube, schenkt mir starken, festen Glauben!"

Jesus Christus sagt: „Denn das Brot, das Gott gibt, kommt vom Himmel herab und gibt der Welt das Leben."[227]
Lasst uns beten: „HERR Jesus Christus, DU bist das wahre Himmelsbrot: danke, dass DU uns speist."

Jesus Christus sagt: „Ich bin das Brot des Lebens."[228]
Lasst uns beten: „HERR Jesus Christus, danke, dass DU bei uns wohnst - im Tabernakel, in unseren Herzen, in unserem Nächsten - uns zum Leben führst."

Jesus Christus sagt: „Alles, was der Vater mir gibt, wird zu mir kommen, und wer zu mir kommt, den werde ich nicht abweisen."[229]
Lasst uns beten: „HERR Jesus Christus, errette mich, errette uns; zieh uns immer mehr zu DIR."

Jesus Christus verspricht: „Wer mein Fleisch isst und mein Blut trinkt, hat das ewige Leben und ich werde ihn auferwecken am Jüngsten Tag."[230]
Lasst uns beten: „HERR und GOTT, danke für die *heilige Eucharistie*."

---

[226] Joh 6,29
[227] Joh 6,33
[228] Joh 6,35b & V. 48
[229] Joh 6,37
[230] Joh 6,54

Jesus Christus sagt: „Der Geist ist es, der lebendig macht."[231]
Lasst uns beten: „HERR, *Heiliger Geist*, belebe mich."

Jesus Christus ermahnt:
„Urteilt nicht nach dem Augenschein, sondern urteilt gerecht!"[232]
Lasst uns beten: „HERR, *Heiliger Geist*, DEIN Urteil voller Gerechtigkeit möge mich ausfüllen."

Jesus Christus verspricht: „Ich kenne ihn, weil ich von ihm komme und weil er mich gesandt hat."[233]
Lasst uns beten: „HERR Jesus Christus, führe uns zum *Vater*!"

Jesus Christus sagt: „Wer von euch ohne Sünde ist, werfe als Erster einen Stein auf sie."[234]
Lasst uns beten: „HERR, habt Erbarmen mit mir, mit uns." oder „HERR, *Heiliger Geist*, halte in mir die Liebe wach." oder „HERR Jesus Christus, befreie mich vom Richten und Verurteilen meines Nächsten."

Jesus Christus sagt: „Auch ich verurteile dich nicht. Geh und sündige von jetzt an nicht mehr!"[235]
Lasst uns beten: „HERR Jesus Christus, ich möchte nicht sündigen, dennoch tue ich es: vergib mir, schenke mir immer neu DEIN Erbarmen!"

---

[231] Joh 6,63
[232] Joh 7,24
[233] Joh 7,29
[234] Joh 8,7b
[235] Joh 8,11b

Jesus Christus sagt: „Ich bin das Licht der Welt. Wer mir nachfolgt, wird nicht in der Finsternis umhergehen, sondern wird das Licht des Lebens haben."[236]
Lasst uns beten: „HERR Jesus Christus, erhelle meine Wege, erhelle meinen Geist!"

> Jesus Christus sagt: „Wenn ihr in meinem Wort bleibt, seid ihr wahrhaft meine Jünger. Dann werdet ihr die Wahrheit erkennen und die Wahrheit wird euch befreien."[237]
> Lasst uns beten: „HERR Jesus Christus, hilf mir, DEINEM Wort treu zu bleiben; hilf mir, DICH immerzu präsent zu halten." oder „HERR Jesus Christus, bleib bei mir, bleib bei uns."

Jesus Christus verspricht: „Wenn euch also der Sohn befreit, dann seid ihr wirklich frei."[238]
Lasst uns beten: „HERR Jesus Christus, befreie uns!"

> Jesus Christus sagt: „Wenn Gott euer Vater wäre, würdet ihr mich lieben; denn von Gott bin ich ausgegangen und gekommen."[239]
> Lasst uns beten: „HERR Jesus Christus, hilf mir, DICH mehr zu lieben."

Jesus Christus sagt:
„Wer aus Gott ist, hört die Worte Gottes."[240]
Lasst uns beten: „HERR, *unser Vater*, öffne meine Ohren DEINEM Wort."

---

[236] Joh 8,12b, vergl. Joh 9,5, vergl. Joh 12,46
[237] Joh 8,31b
[238] Joh 8,36
[239] Joh 8,42b
[240] Joh 8,47

Jesus Christus verspricht: „Ich bin die Tür; wer durch mich hineingeht, wird gerettet werden."[241]
Lasst uns beten: „HERR Jesus Christus, öffne DICH mir, öffne DICH DEINER Heiligen Kirche: wir erbitten Einlass."

Jesus Christus sagt: „Ich bin gekommen, damit sie das Leben haben und es in Fülle haben."[242]
Lasst uns beten: „HERR Jesus Christus, schenke uns das Leben in Fülle!"

Jesus Christus sagt: „Ich bin der gute Hirt."[243]
Lasst uns beten: „HERR Jesus Christus, danke, dass DU DEIN Leben für uns gabst. Hüte die DIR anvertraute Herde, denn DU bist unser Heil und Leben!"

Jesus Christus sagt: „Dann wird es nur eine Herde geben und einen Hirten."[244]
Lasst uns beten: „HERR, *Heiligste Dreifaltigkeit*, verhelft uns Christen zu Einheit und geschwisterlicher Liebe; helft, dass die Menschheit zu Eintracht und Nächstenliebe finde."

Jesus Christus sagt: „Deshalb liebt mich der Vater, weil ich mein Leben hingebe, um es wieder zu nehmen."[245]
Lasst uns beten: „HERR Jesus Christus, DU bist unser Vorbild: hilf mir, mein Leben vorbehaltlos dem *Vater* hinzugeben."

---

[241] Joh 10,9
[242] Joh 10,10b
[243] Joh 10,11
[244] Joh 10,16c
[245] Joh 10,17

Jesus Christus sagt: „Meine Schafe hören auf meine Stimme; ich kenne sie und sie folgen mir. Ich gebe ihnen ewiges Leben. Sie werden niemals zugrunde gehen und niemand wird sie meiner Hand entreißen."[246]

Lasst uns beten: „Hilf, HERR Jesus Christus, dass wir DEINE Stimme immer erkennen; bewahre uns davor, falschen Hirten zu lauschen."

Lasst uns beten:
„Lasst uns mit ihm gehen, um mit ihm zu sterben!"[247]

Jesus Christus sagt: „Ich bin die Auferstehung und das Leben. Wer an mich glaubt, wird leben, auch wenn er stirbt, und jeder, der lebt und an mich glaubt, wird auf ewig nicht sterben."[248]

Lasst uns beten: „HERR, ich glaube, dass du der Christus bist, der Sohn Gottes."[249]

über Jesus Christus steht geschrieben:
„Da weinte Jesus."[250]

Lasst uns beten: „HERR Jesus Christus, mit meinen Tränen bekunde ich Mitempfinden und Mitleiden mit DIR."

Jesus Christus sagt: „Die Armen habt ihr immer bei euch, mich aber habt ihr nicht immer."[251]

Lasst uns beten: „HERR, helft, dass während des Feierns der Heiligen Messe wir ausgerichtet bleiben EUCH zu loben, zu ehren, zu lieben."

---

[246] Joh 10,27 f.
[247] Joh 11,16b
[248] Joh 11,25b f.
[249] Joh 11,27b
[250] Joh 11,35
[251] Joh 12,8

Jesus Christus sagt: „Wenn das Weizenkorn nicht in die Erde fällt und stirbt, bleibt es allein; wenn es aber stirbt, bringt es reiche Frucht."[252]

Lasst uns beten: „HERR, *Heiligste Dreifaltigkeit*, befreit mich von der Furcht vor dem Sterben; verstärkt in mir die Hoffnung auf das ewige Leben, bei und mit EUCH."

Jesus Christus sagt: „Geht euren Weg, solange ihr das Licht habt, damit euch nicht die Finsternis überrascht! [...] Solange ihr das Licht bei euch habt, glaubt an das Licht, damit ihr Söhne des Lichts werdet!"[253]

Lasst uns beten: „HERR Jesus Christus, DU bist die Leuchte auf meinem Pfad durchs Leben; bewahre mich davor, geringen Lichtern, dem Glänzen dieser Welt, zu folgen."

Jesus Christus sagt: „Was ich also sage, sage ich so, wie es mir der Vater gesagt hat."[254]

Lasst uns beten: „HERR Jesus Christus, Sohn des lebendigen GOTTES, sprich mich an; sprich mir zu: DU bist das *Ewige Wort*."

Jesus Christus sagt: „Wenn ich dich nicht wasche, hast du keinen Anteil an mir."[255]

Lasst uns beten: „HERR Jesus Christus, wasche mich rein von meinem Leid, meinem Versagen." oder „HERR, IHR seid das Heil und das All: zieht mich an, auf dass ich Anteil an EUCH habe."

Jesus Christus sagt: „Ich habe euch ein Beispiel gegeben, damit auch ihr so handelt, wie ich an euch gehandelt habe."[256]

---

[252] Joh 12,24b
[253] Joh 12,35b f.
[254] Joh 12,50b
[255] Joh 13,8c
[256] Joh 13,15

Lasst uns beten: „HERR Jesus Christus, Meister und Heiland, lehre mich Demut leben." Oder „HERR, *Heiliger Geist*, schenke mir Demut!"

Jesus Christus sagt: „Ich bin es."[257]
Lasst uns beten: „HERR, *Heiligste Dreifaltigkeit*, danke, dass IHR immer bei uns seid."

Jesus Christus sagt: „Wer einen aufnimmt, den ich senden werde, nimmt mich auf; wer aber mich aufnimmt, nimmt den auf, der mich gesandt hat."[258]
Lasst uns beten: „HERR, lasst in mir die Gastfreundschaft erstarken; dass mein Haus und Herz immer offenstehen für die Anfragen / Anliegen meines Nächsten, insbesondere eines Glaubensgeschwisters."

Jesus Christus sagt: „Ein neues Gebot gebe ich euch: Liebt einander! Wie ich euch geliebt habe, so sollt auch ihr einander lieben."[259]
Lasst uns beten: „HERR, lehrt mich lieben." oder „HERR, lasst die Liebe in mir erstarken, wachsen, mich ganz erfüllen."

Jesus Christus sagt: „Euer Herz lasse sich nicht verwirren. Glaubt an Gott und glaubt an mich!"[260]
Lasst uns beten: „HERR Jesus Christus, bewirke, dass mein Glaube erstarke."

Jesus Christus sagt: „Ich bin der Weg und die Wahrheit und das Leben; niemand kommt zum Vater außer durch mich."[261]
Lasst uns beten: „HERR Jesus Christus, halt mich fest an

---

[257] Joh 13,19b, vergl. Ex 3,14b, vergl. Joh 18,6b
[258] Joh 13,20b
[259] Joh 13,34, vergl. Joh 15,12, V. 17
[260] Joh 14,1, vergl. V. 27c
[261] Joh 14,6b

DEINER Seite, zieh mich mit DIR zum *Vater*."

> Jesus Christus sagt: „Wenn ihr mich erkannt habt, werdet ihr auch meinen Vater erkennen."[262]
> Lasst uns beten: „HERR, *Heiligste Dreifaltigkeit*, schenkt mir Einsicht, Erkenntnis, Verstehen und Hingabe."

Jesus Christus sagt:
„Wer mich gesehen hat, hat den Vater gesehen."[263]
Lasst uns beten: „HERR Jesus Christus, zeige DICH mir, heute."

> Jesus Christus verspricht: „Alles, um was ihr in meinem Namen bitten werdet, werde ich tun, damit der Vater im Sohn verherrlicht wird."[264]
> Lasst uns beten: „HERR, *himmlischer Vater*, in Christi Namen bitte ich:..."

Jesus Christus sagt:
„Wenn ihr mich liebt, werdet ihr meine Gebote halten."[265]
Lasst uns beten: „HERR Jesus Christus, lass die Liebe in mir wachsen; hilf mir, DEINE und die Gebote *unseres Vaters* zu halten."

> Jesus Christus verspricht: „Ich werde euch nicht als Waisen zurücklassen, ich komme zu euch."[266]
> Lasst uns beten: „HERR Jesus Christus, marána thá!"

Jesus Christus sagt: „Ihr aber seht mich, weil ich lebe und auch ihr leben werdet."[267]

---

[262] Joh 14,7
[263] Joh 14,9d
[264] Joh 14,13, vergl. Joh 15,7, V. 16c, Joh 16,23c.24b
[265] Joh 14,15, vergl. V. 23b
[266] Joh 14,18
[267] Joh 14,19b

Lasst uns beten: „HERR Jesus Christus, DU bist das Leben: bleib bei uns!"

Jesus Christus sagt: „Wer meine Gebote hat und sie hält, der ist es, der mich liebt; wer mich aber liebt, wird von meinem Vater geliebt werden und auch ich werde ihn lieben und mich ihm offenbaren."[268]

Lasst uns beten: „HERR Jesus Christus, schenk uns DEINE Liebe!" oder „HERR Jesus Christus, lass mich die Gebote ehren und leben, denn DU bist, den ich liebe." oder „HERR Jesus Christus, offenbare DICH uns!"

Jesus Christus verspricht: „Wir werden zu ihm kommen und bei ihm Wohnung nehmen."[269]

Lasst uns beten: „HERR, *Heiligste Dreifaltigkeit*, kommt und zieht in mich ein: seid willkommen! Läutert und wandelt mich soweit, dass IHR EUCH wohlfühlen könnt."

Jesus Christus sagt: „Der Beistand aber, der Heilige Geist, den der Vater in meinem Namen senden wird, der wird euch alles lehren und euch an alles erinnern, was ich euch gesagt habe."[270]

Lasst uns beten: „HERR, *Heiliger Geist*, lehre mich, erinnere mich an die Worte, Gebote und Lehren Jesu."

Jesus Christus sagt:
„Frieden hinterlasse ich euch, meinen Frieden gebe ich euch."[271]

Lasst uns beten: „HERR Jesus Christus, *Lamm GOTTES*, gib uns DEINEN Frieden!"

---

[268] Joh 14,21, vergl. Joh 15,10
[269] Joh 14,23c
[270] Joh 14,26, vergl. Joh 16,13
[271] Joh 14,27

Jesus Christus sagt: „Ich bin der wahre Weinstock und mein Vater ist der Winzer."[272]

Lasst uns beten: „HERR Jesus Christus, stärke mich, gib mir Halt und Kraft."

Jesus Christus verspricht: „Bleibt in mir und ich bleibe in euch."[273]

Lasst uns beten: „HERR Jesus Christus, bleib in mir: auf DICH vertraue ich."

Jesus Christus sagt: „Wer in mir bleibt und in wem ich bleibe, der bringt reiche Frucht; denn getrennt von mir könnt ihr nichts vollbringen."[274]

Lasst uns beten: „HERR Jesus Christus, wirke durch mich, auf dass der Wille GOTTES geschehe."

Jesus Christus sagt: „Mein Vater wird dadurch verherrlicht, dass ihr reiche Frucht bringt und meine Jünger werdet."[275]

Lasst uns beten: „HERR Jesus Christus, leite und lehre mich, auf dass *unser Vater* durch DEIN Wirken in mir verherrlicht werde."

Jesus Christus sagt: „Dies habe ich euch gesagt, damit meine Freude in euch ist und damit eure Freude vollkommen wird."[276]

Lasst uns beten: „HERR Jesus Christus, schenke uns DEINE, die vollkommene Freude!"

Jesus Christus sagt: „Es gibt keine größere Liebe, als wenn einer sein Leben für seine Freunde hingibt."[277]

---

[272] Joh 15,1
[273] Joh 15,4, vergl. Joh 15,9b
[274] Joh 15,5b
[275] Joh 15,8
[276] Joh 15,11
[277] Joh 15,13

Lasst uns beten: „HERR Jesus Christus, verhilf mir zu rückhaltloser Hingabe!"

Jesus Christus sagt: „Wenn die Welt euch hasst, dann wisst, dass sie mich schon vor euch gehasst hat."[278]
Lasst uns beten: „HERR Jesus Christus, stärke mich im Glauben, auf dass Ruhm und Tadel der Welt mir gleichgültig sind."

Jesus Christus verspricht:
„...gehe ich aber, so werde ich ihn zu euch senden."[279]
Lasst uns beten: „HERR Jesus Christus, sende uns DEINEN Beistand; HERR, *Heiliger Geist*, kehre ein in unseren Herzen!"

Jesus Christus sagt: „Wenn aber jener kommt, der Geist der Wahrheit, wird er euch in der ganzen Wahrheit leiten."[280]
Lasst uns beten: „HERR, *Heiliger Geist*, leite uns in aller Wahrheit!"

Jesus Christus sagt: „Ihr werdet traurig sein, aber eure Trauer wird sich in Freude verwandeln."[281]
Lasst uns beten: „HERR, *Heiligste Dreifaltigkeit*, wandelt unsere Trauer in Freude!"

Jesus Christus verspricht: „Bittet und ihr werdet empfangen, damit eure Freude vollkommen ist."[282]
Lasst uns beten: „HERR, *himmlischer Vater*, in Christi Namen, ..."

---

[278] Joh 15,18
[279] Joh 16,7d
[280] Joh 16,13
[281] Joh 16,20c
[282] Joh 16,24b

Jesus Christus sagt: „Habt Mut: Ich habe die Welt besiegt."[283]
Lasst uns beten: „HERR, stärkt den Mut in mir." oder „HERR Jesus Christus, besiege die Dunkelheit in mir." oder „HERR Jesus Christus, besiege das ‚Ich!' in unseren Köpfen und Herzen!"

> Jesus Christus sagt: „Das ist das ewige Leben: dass sie dich, den einzigen wahren Gott, erkennen und den du gesandt hast, Jesus Christus."[284]
> Lasst uns beten: „HERR, *Heiliger Geist*, erfülle mich mit Erkenntnis, Gottesfurcht und Liebe!"

Jesus Christus hält Fürbitte: „Für sie bitte ich, [...] für alle, die du mir gegeben hast; denn sie gehören dir."[285]
Lasst uns beten: „Danke, HERR Jesus Christus, für DEIN Gebet!"

> Jesus Christus bittet: „Heiliger Vater, bewahre sie in deinem Namen, den du mir gegeben hast, damit sie eins sind wie wir!"[286]
> Lasst uns beten: „HERR, *unser Vater*, im Namen Jesu Christi: bewahre und segne DEINE Kinder." oder „HERR, *Heiliger Geist*, bewirke in allen, die sich auf Christus berufen, dass sie Einheit wünschen und sich um sie bemühen."

Jesus Christus bittet: „Ich bitte nicht, dass du sie aus der Welt nimmst, sondern dass du sie vor dem Bösen bewahrst."[287]
Lasst uns beten: „HERR, *göttliche Dreifaltigkeit*, im Namen Jesu Christi: bewahrt uns vor dem Bösen!"

---

[283] Joh 16,33c
[284] Joh 17,3
[285] Joh 17,9
[286] Joh 17,11b
[287] Joh 17,15

Jesus Christus bittet: „Heilige sie in der Wahrheit; dein Wort ist Wahrheit."[288]

Lasst uns beten: „HERR, *göttliche Dreifaltigkeit*, heiligt uns!"

Jesus Christus bittet: „Ich bitte nicht nur für diese hier, sondern auch für alle, die durch ihr Wort an mich glauben."[289]

Lasst uns beten: „HERR Jesus Christus, danke für die Heilige Kirche, die Apostel und Jünger, die DEIN Wort bis ins Heute und bis ans Ende der Zeit weitertragen."

Jesus Christus bittet: „Alle sollen eins sein: Wie du, Vater, in mir bist und ich in dir bin, sollen auch sie in uns sein, damit die Welt glaubt, dass du mich gesandt hast."[290]

Lasst uns beten: „HERR, *Heiligste Dreifaltigkeit*, bewohnt mich, macht mich eins mit EUCH." oder „HERR, *Heiliger Geist*, entzünde in uns getrennten Christen die Liebe zueinander."

Jesus Christus bittet: „So sollen sie vollendet sein in der Einheit, damit die Welt erkennt, dass du mich gesandt hast und sie ebenso geliebt hast, wie du mich geliebt hast."[291]

Lasst uns beten: „HERR, *Heiligste Dreifaltigkeit*, führt uns zur Vollendung: EUCH zu Ehren."

Jesus Christus bittet: „Vater, ich will, dass alle, die du mir gegeben hast, dort bei mir sind, wo ich bin."[292]

Lasst uns beten: „HERR, *unser Vater*, vereinige auch uns Heutige mit DEINEM Sohn." oder „HERR Jesus Christus, komm und bleib bei uns!"

---

[288] Joh 17,17
[289] Joh 17,20
[290] Joh 17,21
[291] Joh 17,23b
[292] Joh 17,24

Jesus Christus bittet: „Ich habe ihnen deinen Namen kundgetan und werde ihn kundtun, damit die Liebe, mit der du mich geliebt hast, in ihnen ist und ich in ihnen bin."[293]
Lasst uns beten: „HERR, *Heiligste Dreifaltigkeit*, liebt uns: bleibt bei uns mit EURER Liebe!"

Jesus Christus sagt: „Ich bin dazu geboren und dazu in die Welt gekommen, dass ich für die Wahrheit Zeugnis ablege. Jeder, der aus der Wahrheit ist, hört auf meine Stimme."[294]
Lasst uns beten: „HERR Jesus Christus, ‚DU bist die Wahrheit', hilf mir, DEINEM Zeugnis zu glauben und zu folgen."

Jesus Christus sagt: „Frau, siehe, dein Sohn! - Siehe, deine Mutter!"[295]
Lasst uns beten: „HERR Jesus Christus, danke für den zugesicherten Beistand DEINER Mutter, unserer Mutter!"

Jesus Christus sagt: „Es ist vollbracht!"[296]
Lasst uns beten: „HERR Jesus Christus, weil DU DICH hingabst, können wir leben: danke!" oder „HERR, macht uns zu würdigen Empfangenden der Selbsthingabe Jesu."

Jesus Christus sagt: „Maria!"[297]
Lasst uns beten: „HERR, IHR kennt meinen Namen: ruft mich immer wieder an, ich möchte hören, EUREM Willen folgen."

„Maria von Magdala kam zu den Jüngern und verkündete ihnen: Ich habe den Herrn gesehen!"[298]

---

[293] Joh 17,26
[294] Joh 18,37c
[295] Joh 19,26b.27b
[296] Joh 19,30b
[297] Joh 20,16b
[298] Joh 20,18

Lasst uns beten: „HERR Jesus Christus, durch DICH schauen wir den *Vater*: zeige DICH uns heute, der DU den Tod bezwungen hast; komm bald in DEINER ganzen göttlichen Herrlichkeit - marána thá!"

Jesus Christus spendet: „Empfangt den Heiligen Geist!"[299]
Lasst uns beten: „Herr Jesus Christus, danke für den *Geist der Wahrheit*, den *Tröster*, den *Geist der Liebe*!"

Jesus Christus sagt: „Weil du mich gesehen hast, glaubst du. Selig sind, die nicht sehen und doch glauben."[300]
Lasst uns beten: „HERR, *Heiligste Dreifaltigkeit*, ich glaube: stärkt meinen Glauben!"

Jesus Christus lädt ein: „Kommt her und esst!"[301]
Lasst uns beten: „HERR Jesus Christus, DU bist das Brot des ewigen Lebens - mach mich allzeit hungernd nach DIR!"

Jesus Christus fragt:
„Liebst du mich mehr als diese?"[302]
Lasst uns beten: „HERR Jesus Christus, ich liebe DICH mehr als mein Leben. Lass meine Liebe wachsen."

---

[299] Joh 20,22b
[300] Joh 20,29b
[301] Joh 21,12
[302] Joh 21,15b

BETEND...

... in Gegenwart unseres HERRN Jesus Christus

Im Namen des Vaters, des Sohnes und des Heiligen Geistes. Ehre sei der höchsten, lebensspendenden, *Heiligsten göttlichen Dreifaltigkeit*: wie seit allen Zeiten, so auch heute, jetzt, und bis in alle Ewigkeit. Amen. Hallelujah!

HERR, danke, dass IHR mich liebt. Danke, dass IHR mich retten und heilen möchtet. Danke, dass IHR nur Heil und Segen für mich wollt. Danke, dass IHR mir begegnen möchtet; danke, dass IHR mich zum Gebet ruft.

HERR Jesus Christus, DU bist für mich gestorben. Ich kann es nicht begreifen. Ich möchte DIR alles geben, was ich bin, was ich habe, was ich denke, fühle und empfinde. Dennoch stünde ich noch immer beschämt vor DIR.

Bitte helft mir, EUCH zu lieben. Helft mir dabei, dankbar zu bleiben, dankbar zu sein. Helft mir bei meinem Gebet. Helft mir bei meiner Hingabe.

HERR Jesus Christus, DU bist für mich gestorben. DU bist gestorben auch für jeden anderen Menschen. Ich bitte DICH für die Menschen, die mir persönlich nahestehen [N.N.]:

> Heile sie, rette sie, behüte und segne sie.

HERR Jesus Christus, DU bist gestorben auch für die Menschen, denen ich mich nicht sehr nahe fühle. Auch sie sind Kinder GOTTES, auch für diese bitte ich [N.N.]:

> Heile sie, rette sie, behüte und segne sie.

HERR Jesus Christus, DU hast DICH hingegeben für alle Menschen, auch für die bereits Verstorbenen [N.N.]:

> Bitte für sie bei GOTT, dem Allmächtigen, DEINEM *Vater* und *unserem Vater*.

HERR Jesus Christus, bitte auch für die Missetäter früherer Generationen. Sie haben Schuld auf sich geladen und hatten womöglich keine Zeit für Reue und Buße. Ich empfinde mit ihnen, denn auch ich werde schuldig vor DIR, vor GOTT, öfter als ich es wünsche; auch ich weiß nicht, ob mir ausreichend Zeit geschenkt werden wird, und kann nur hoffen, dass auch für mich gebetet wird: um Vergebung und Barmherzigkeit.

HERR Jesus Christus, ich bitte für DEINE Heilige Kirche. Wir sind schwach, fehlbar, verschieben DICH, verschieben GOTT immer wieder ins Abseits. Wir wissen es besser und wissen doch nicht, was wir tun. Verzeih uns, verzeih uns unser Fehlen und Freveln. Verzeih uns, dass wir dem Niederen und Bösen mehr Raum geben als GOTT, als DIR, *dem Licht, der Wahrheit, dem Leben*. Bitte für uns beim *Vater*, dass ER so barmherzig sich verhalten möge wie der Vater in DEINEM Gleichnis[303].

---

[303] Lk 15,11 ff

HERR Jesus Christus, ich bitte für die von DIR bestellten Priester. Dank ihnen können wir DICH feiern, kosten und sehen: schenke ihnen Lauterkeit im Herzen, Freude an ihrem Dienst, Humor und Mut. --

Vaterunser...

HERR, GOTT, *Heiligste Dreifaltigkeit*, hier sitze ich und warte. „In DEINE Hände lege ich mein Leben"[304]; helft mir, denn ohne EUCH kann und bin ich nichts. Mit Jesus bete ich:

DEIN Wille, GOTT, allein geschehe! Amen.

*

dann: bei IHM Verweilen
in wachsamer Aufmerksamkeit,
stiller Freude

---

[304] Responsorium aus dem Stundengebet, nach Ps 31,6

DER VERLASSENE

ein betrachtender Textvergleich von Johannes 16,32

„Siehe, die Stunde kommt und sie ist schon da, in der ihr versprengt sein werdet, jeder in sein Haus, und mich alleinlassen werdet."[305] / „Die Stunde kommt, und sie ist schon da, in der ihr versprengt werdet, jeder in sein Haus, und mich werdet ihr allein lassen."[306]

„Siehe, es kommt die Stunde und ist schon gekommen, dass ihr zerstreut werdet, ein jeder in das Seine, und mich allein lasst."[307]

„Siehe, es kommt die Stunde und ist gekommen, dass ihr euch zerstreuen werdet, ein jeder in seine Heimat (/jeder in das Seinige) und mich allein lassen werdet."[308]

„Es kommt eine Zeit, und die ist jetzt, da werdet ihr in alle Richtungen versprengt und lasst mich allein."[309]

---

[305] Joh 16,32a; EU, 2016
[306] Joh 16,32a; EU, 1981
[307] Joh 16,32a; Lutherbibel, 2017
[308] Joh 16,32a; Elberfelder Bibel, 2020
[309] Joh 16,32a; Das Neue Testament und frühchristliche Schriften; K. Berger / Ch. Nord, 1999

„Doch es kommt der Zeitpunkt, ja, er ist schon gekommen, an dem ihr alle auseinanderlaufen werdet, jeder in seine eigene Richtung. Dann werdet ihr mich allein zurücklassen."[310]

„Die Stunde kommt, ja, sie ist schon da, dass man euch auseinandertreiben wird. Jeder wird nur noch an sich denken, und mich werdet ihr allein lassen."[311]

„Die Zeit wird kommen – ja, sie ist schon da –, in der man euch auseinandertreibt. Ihr werdet euch alle in Sicherheit bringen und mich alleinlassen."[312]

„Passt auf, es kommt die Zeit – sie ist sogar schon da –, wo ihr auseinanderlaufen werdet, jeder dorthin, wo er herkommt. Und ihr werdet mich allein lassen."[313]

„Seht, die Zeit kommt, ja sie ist schon da, wo ihr davonlaufen werdet, jeder dorthin, wo er herkommt, und mich werdet ihr allein lassen."[314]

„Siehe, es kommt die Stunde, und sie ist jetzt schon da, wo ihr euch zerstreuen werdet, jeder in das Seine, und mich allein lasst."[315]

„Doch es kommt die Zeit – ja, sie ist schon angebrochen –, da werdet ihr zerstreut werden, und jeder wird seine eigenen Wege gehen und mich verlassen."[316]

---

[310] Joh 16,32a; Das Buch
[311] Joh 16,32a; Gute Nachricht Bibel, 2018
[312] Joh 16,32a; Hoffnung für alle
[313] Joh 16,32a; Neue evangelistische Übersetzung, 2024
[314] Joh 16,32a; Neue Genfer Übersetzung
[315] Joh 16,32a; Schlachter, 2000
[316] Joh 16,32a; Neues Leben, 2024

„Doch die Stunde kommt, ja, sie ist gekommen, da ihr zerstreut werdet - jeder dorthin, wo er einmal war - und ihr mich allein lasst."[317]

*

i.

„Siehe, die Stunde ist schon da": sowohl bereits um das Jahr 30 als auch heute. Berger konkretisiert: „die ist jetzt". Jetzt!

ii.

„Versprengt", „zerstreut werden" bedeutet, dass Mächte wirksam sind, der Mensch passiv bleibt, es geschehen lässt. Doch „zerstreut" trifft auch im weiteren Wortsinn zu: Zerstreuung suchen, den wachen Geist untergraben, damit das Gebet, die Hinwendung zu GOTT. „Wo ihr euch zerstreuen werdet" bringt dies zum Ausdruck: die aktive Bejahung der Abkehr. Betäubendes Ausweichen verunmöglicht es, Liebe wahrzunehmen: Ablenkung ist Abtötung. Auch bei Matthäus, der Sacharja zitiert, ist es Handlung statt bloßem Zulassen: „...dann werden sich die Schafe zerstreuen!"[318]

„Wo ihr auseinanderlaufen werdet", um Teilkirchen zu bilden; um Euch gegenseitig als Ketzer zu verfolgen... Sich von Jesus abwenden, daraus folgt das Schisma. Damit aber hat ‚die Welt' gesiegt: Indem der Zusammenhalt unter den Jüngern fehlt, deren Gebot das „Liebt einander!"[319] ist, stellen sie sich selbst als unglaubwürdig dar. Wahrhaftig ist Jesu Lehre, SEIN *Weg* damit verlassen.

iii.

„Jeder in sein Haus": als ummauerter Ort impliziert *Haus* feste Gefüge. Auch gedankliche Gebäude zeichnen sich durch Enge aus, sofern starre Gewohnheiten und Überzeugungen sie zementieren. „Jeder in das Seine" beinhaltet zudem, dass einer vom Nächsten sich

---

[317] Joh 16,32a; Zürcher Bibel, 2007
[318] Sach 13,7b bzw. Mt 26,31b
[319] Joh 13,34 f. ; Joh 15,12.17

abschottet, sei es physisch oder geistig. „Jeder wird nur noch an sich denken" betont ebendiese Deutung. „Jeder in seine eigene Richtung", sowie „jeder wird seine eigenen Wege gehen" ist erneute Prophezeiung des Schismas der Kirche: Die Jünger bevorzugen Trennung, laufen vor der Einheit in Vielfalt davon.

iv.

Über das „mich alleinlassen" herrscht ziemlicher Konsens. Es ist eindeutig genug. „Mich verlassen", sowie „mich allein zurücklassen" verstärken den ohnehin unerträglichen Umstand, dass wir IHN vernachlässigen, verlassen; IHN durch unsere Ichbezogenheit vergessen. Erneut der Blick auf Matthäus 26: „Da ergriff ihn Traurigkeit und Angst und er sagte zu ihnen: *Meine Seele ist* zu Tode *betrübt*. Bleibt hier und wacht mit mir!"[320]

Ein Mensch in tiefer Trauer und Angst fordert seine Nächsten, bislang treuen Weggefährten, seine Freunde (vergl. Joh 15,15) sogar dazu auf, mit ihm zu bleiben. Doch sie verlassen ihn. Ist es vorstellbar so zu handeln wider unseren engsten Freund? Ja, wir tun es.

Wie können wir nur?!

Auch nach bald 2000 Jahren bleibt der Ausgang skandalös, ohne Grenze liebt der Alleingelassene: „Es gibt keine größere Liebe, als wenn einer sein Leben für seine Freunde hingibt."[321] Des Weiteren: „Dies habe ich zu euch gesagt, damit ihr in mir Frieden habt."[322] - Wo Jesus Christus ist, da ist GOTT, unser *ewiger Vater*. Verlassen wir den *Sohn*, beschneiden wir uns selbst der uns geltenden, vom *Vater* ausgehenden Liebe. Bleiben wir indessen bei Jesus, ist (SEIN) Frieden mit uns.

„Bleibt in meiner Liebe!"[323]

---

[320] Mt 26,37b f.
[321] Joh 15,13
[322] Joh 16,33
[323] Joh 15,9b

EINE WOCHE SELIGKEIT

Jeden Tag der Woche kann eine der Seligpreisungen meditiert und in die Tat umgesetzt werden. So hilft „Selig, die arm sind vor Gott" zum Beispiel dabei, umsichtiger im Straßenverkehr oder bei sonstigen Zusammentreffen mit Nächsten zu sein: ein Verzicht auf die Vorfahrt, auf das eigene Recht, auf eine wie auch immer geartete Vorrangstellung übt ein in die ‚Armut vor Gott'. Wer solchen Verzicht im Bewusstsein um seine Nachfolge Christi übt, dem fällt er leicht, womöglich nicht einmal auf. Die jeweils gewählte Seligpreisung erhellt sämtliche Erfahrungen des Tages, wird ein Fundament tief empfundener Dankbarkeit.

Vorschlag für eine Woche ‚Einübung in die Seligkeit':

Montag: „Selig, die arm sind vor Gott; denn ihnen gehört das Himmelreich."[324]

Dienstag: „Selig die Sanftmütigen; denn sie werden das Land erben."[325] und „Selig, die Frieden stiften; denn sie werden Kinder Gottes genannt werden."[326]

---

[324] Mt 5,3
[325] Mt 5,5
[326] Mt 5,9

Mittwoch: „Selig die Trauernden; denn sie werden getröstet werden."[327]

Donnerstag: „Selig, die hungern und dürsten nach der Gerechtigkeit; denn sie werden gesättigt werden."[328] und „Selig, die verfolgt werden um der Gerechtigkeit willen; denn ihnen gehört das Himmelreich."[329]

Freitag: „Selig die Barmherzigen; denn sie werden Erbarmen finden."[330]

Sonnabend: „Selig seid ihr, wenn man euch schmäht und verfolgt und alles Böse über euch redet um meinetwillen. Freut euch und jubelt: Denn euer Lohn wird groß sein im Himmel."[331]

Sonntag: „Selig, die rein sind im Herzen; denn sie werden Gott schauen."[332]

HERR, schenkt mir Mut. Mut, um

demütig ...

sanftmütig ...

edelmütig ...

großmütig ...

langmütig ...

zu sein.

„Die Zeit ist erfüllt, das Reich Gottes ist nahe. Kehrt um und glaubt an das Evangelium!"[333] Lernen wir die Schrift besser kennen und nutzen, es hilft uns bei Umkehr und Hingabe.

---

[327] Mt 5,4
[328] Mt 5,6
[329] Mt 5,10
[330] Mt 5,7
[331] Mt 5,11
[332] Mt 5,8
[333] Mk 1,15

BEOBACHTET / ERSCHAUT

„Jesus sagte ihnen durch ein Gleichnis, dass sie allezeit beten und darin nicht nachlassen sollten."[334] Immerzu angemessen sowie angebracht ist: „HERR, *Heiligste Dreifaltigkeit*, ich liebe EUCH. Offenbart mir, wie ich EUCH heute lieben kann." Dafür gibt es kein ,zu oft'. Gerade zuzeiten der Übersättigung von Leid, wenn ,die richtigen Worte' fehlen. Es bezeugt des Betenden tiefes Sehnen, GOTT zu lieben, obschon er weiß, dass diese Liebe ungenügend ist.

i. Die meisten dieser Gebete verwenden das erste Pronomen. Das liegt zum einen daran, dass jeder Mensch seine Seele persönlich dem *Höchsten* anträgt, auch während seines Bittens für Andere, dass die Beziehung mit GOTT stets eine Du-Ich-Begegnung bleibt. Jeder verantwortet zunächst, welche Haltung er wahr- und einnimmt vor GOTTES Angesicht. Sich hingeben ist Grundlage jeglicher Umsicht oder Fürsorge wider seinen Nächsten. Diese Hingabe ist beeinträchtigt, sollte daher vor allem anderen erbeten werden. GOTT stellt sodann sicher, dass alles im Weg Stehende ausgeräumt wird.

Nur der sich GOTT persönlich verpflichtet Wissende kann authentisch Fürbitte und Dienst am Nächsten leben. Der sein eigenes Fehlen und Versagen Anerkennende vermag die Stärkung der göttlichen Gnade anzunehmen, wird ohne Zurückhaltung dieses Geschenk mit anderen teilen wollen. Aus einer wachsenden Intimität und Liebe zu

---

[334] Lk 18,1

GOTT folgt unausweichlich des Einzelnen Wunsch, sich in den Dienst aller zu stellen. Wer GOTTES Beistand und Wirken in sich spürt, hilft/liebt auch seinem/n Nächsten, denn durch jenen kann *die Liebe*, die alles überwindet, auf diese/n überfließen.

Drittens gewinnt ein die eigene Hilfsbedürftigkeit Bekennender die für Vergebung notwendige Herzensweite. Wer zu vergeben lernt, lernt Barmherzigkeit und Nächstenliebe.

ii. Inneres Schweigen einer-, immerwährendes Bitten andererseits stellt keinen Widerspruch dar. Um in die Stille des Herzens eintreten zu können, bedarf es einer Ruhe der um Sorgen und Ich kreisenden Gedanken. Ein sich unablässig wiederholendes Gebet indessen fokussiert den Geist auf einen einzigen Gegenstand: auf GOTT. Das Immerselbe bewahrt vor mentaler Zerstreuung durch zu viele profane ‚Einfälle'.

Jesus sagt: „Du sollst den Herrn, deinen Gott, lieben mit ganzem Herzen, mit ganzer Seele und mit deinem ganzen Denken. Das ist das wichtigste und erste Gebot."[335] Unablässiges gedankliches ‚Anrufen' GOTTES zeigt IHM unser Bemühen um Gebotserfüllung. Sobald ER dieses wahrnimmt, bewirkt ER, dass es uns leichter falle. Im Übrigen ist ununterbrochene Wiederkehr etwas sehr Vertrautes: Wer kennt nicht den Ohrwurm mit seiner Beharrlichkeit? Nutzen wir ihn, versehen ihn mit einem neuen Text, einem Gebet. Allzu gern darf er dann unendlich oft seine Weise tönen.

Auch Paulus empfiehlt: „Betet jederzeit im Geist. Hört nicht auf, zu beten und zu flehen!"[336] Gegen Widersacher, seien es innere Stimmen, seien es Unfrieden verursachende äußere Impulse, ist der beste Schutz „das Schwert des Geistes, das ist das Wort Gottes"[337].

„Beugt euch also in Demut unter die mächtige Hand Gottes, damit er euch erhöht, wenn die Zeit gekommen ist! Werft alle eure Sorge

---

[335] Mt 22,37 f.
[336] Eph 6,18
[337] Eph 6,17

auf ihn, denn er kümmert sich um euch!"[338], empfiehlt der Verfasser des Petrusbriefes. „Man muss Ballast abwerfen, um an Höhe zu gewinnen."[339] So spricht eine Romanfigur aus dem 20. Jahrhundert. GOTT zieht uns an SICH, ER ‚kümmert sich': wenn und insofern wir es zulassen. „Ballast abwerfen", das bedeutet abzulassen von Groll, Vorwürfen, Selbstmitleid. Es bedeutet ferner die resolute Verabschiedung der inwendig zeternden Dämonen. Sie sind „Legion" (vergl. Mk 5,9b par). Da gibt es *Irene*, die Ichbezogene; die neidende *Nadine*; es gibt *Gundula*, die Ungeduldige, sowie die eitle *Vanessa*. *Betty*, ewig besserwissend, die niemals jammermüde *Jana*, und *Suzanne*, welche immerzu sorgt. Dann die vielen weiteren... Jesus, HERR, „wenn Du es willst, kannst Du mich rein machen."[340]

iii. „Wenn jemand mich liebt, wird er mein Wort halten; mein Vater wird ihn lieben und wir werden zu ihm kommen und bei ihm Wohnung nehmen."[341]

„wenn..., so wird" impliziert umgekehrt: ‚Wer mein Wort hält, in dem erstarkt die Liebe zu mir.' Beten im Wortlaut jesuanischer Reden/Taten heißt Nachfolge leben: SEIN Reden wird buchstäblich im Mund getragen. Es begleitet durch Schatten, durch Untiefen des Alltags, gibt Halt während persönlicher Krisenmomente. ER besiegte den Versucher in der Wüste mit GOTTES Wort aus dem Ersten Testament - SEINEN Jüngern, damit auch uns, liegen seit Entstehung des Zweiten sogar noch mehr bereit.

„bei ihm Wohnung nehmen": Im Allgemeinen ist es uns überaus wichtig, die Wohnstätte zu reinigen, insbesondere bei Erwartung eines Gastes: Auf dass dieser sich darinnen wohl und ‚wie daheim' fühlen möge, wird sie geputzt, festlich hergerichtet. Demgegenüber verhalten wir uns nachlässig, geradezu gleichgültig, dass GOTT in

---

[338] 1 Petr 5,6 f.
[339] Christine Brückner; 1977 Verlag Ullstein GmbH
[340] Mk 1,40c
[341] Joh 14,23

unserem Herzen Wohnung sucht, welches an Gastlichkeit und Reinheit zu wünschen übriglässt!

Daheim fühlt sich ein von Liebe erfüllter Mensch, wo er auf Harmonie, Frieden, Heiterkeit trifft; abgestoßen hingegen von einem Umfeld der Ablehnung, des Ärgers, der Wut und Lästerei. Derjenige Teil des Menschen, der die Liebe *ist* - der im Herzen Wohnung nehmende GOTT -, erfährt sich als unwillkommen. Der *Geist der Liebe* verlässt ein Herz voller Ärger, Wut, Hass, Unmut, Ablehnung usw.

Daher befleißigt sich der um persönliche Reinheit und Heilung Bittende, sein Herz vom Schmutz liebloser Gefühle unbesucht zu lassen. Kein Einlass solchen Gästen! Mit GOTTES Hilfe - ER setzt ihm Wächter zur Unterscheidung des Guten vom Bösen in den Geist - kämpft er darum, den Ort der Begegnung GOTTES mit seiner Seele rein zu halten. Unentwegt bittet er: „Erschaffe mir, Gott, ein reines Herz und einen festen Geist erneuere in meinem Innern!"[342]. Diese Läuterung von Herz und Gedanken ist mit Tränen verbunden: sie sind der Reinigungsdienst GOTTES. ER hilft im Übrigen immer: „Jede Rebe, die Frucht bringt, reinigt [mein Vater, der Winzer], damit sie mehr Frucht bringt."[343]

Bemerkt ein Mensch den in ihm einsetzenden Wutmonolog, sollte er unverzüglich Jesus Christus anrufen: ER ist unser Retter, Erlöser und Vorkämpfer (vergl. 1 Sam 17,4)! ER stellt sich sogleich zwischen den raumgreifenden gottfernen Gedanken und die Liebe ersehnende Seele. ER schützt beide Seiten vor des Übels Angriff: die Person, der gedanklich Schimpf widerfährt und die eigene Seele. ER ist „Schild und Horn meines Heils, meine Zuflucht; Fels, bei dem ich mich berge"[344]. Jesu Eintreten bremst das Moment jedes sich im Innern anwachsenden Dunkels/Bösen aus. Man mache sich die rechten Vorstellungen: Es handelt sich um ein tatsächliches Kampfgeschehen! „Mich umfingen die Fesseln des Todes und die Fluten des Verderbens

---

[342] Ps 51,12
[343] Joh 15,2
[344] Ps 18,3

erschreckten mich. Mich umstrickten die Fesseln der Unterwelt, über mich fielen die Schlingen des Todes"[345] ist eine zutreffende Beschreibung dessen, wie innerlich wütende Gedanken der Zerstörung erfahrbar werden! Paulus bringt es auf den Punkt: „Reinigen wir uns also von aller Unreinheit des Leibes und des Geistes und streben wir in Gottesfurcht nach vollkommener Heiligung."[346]

Gleichzeitig trifft zu: „Das Reich Gottes [ist] schon zu euch gekommen"[347], „das Reich Gottes ist mitten unter euch."[348] Sofern wir unser Herz weiten und ‚Ja!' sagen, kann GOTT in und durch uns wirken. Namentlich heißt ein „reines Herz"[349] ein lebendiges Herz: „Ich gebe euch ein Herz von Fleisch."[350] ‚Rein' steht für Leben, ‚unrein' für Tod, Abgestorbenes. Der GOTT der Lebenden[351] will auch den Menschen belebt; darum verspricht ER: „Ich gebe meinen Geist in euer Inneres und bewirke, dass ihr meinen Gesetzen folgt. [...] Ihr werdet mir Volk sein und ich, ich werde euch Gott sein."[352]

In selber Weise macht Jesus Christus rein (s. u.a. Mt 8: „Herr, wenn du es willst, kannst du mich rein machen." „Ich will - werde rein!"), denn ER ist „Wasser ins ewige Leben"[353], „Brot des Lebens"[354]. Folgen wir IHM nach, vereinigen wir uns mit IHM bei der heiligen Kommunion, bleiben wir in SEINEN Geboten: dann haben auch wir Heutigen Anteil am Ewigen Leben: „Wie mich der lebendige Vater gesandt hat und wie ich durch den Vater lebe, so wird jeder, der mich isst, durch mich leben."[355]

---

[345] Ps 18,5&6
[346] 2 Kor 7,1b
[347] Lk 11,20b
[348] Lk 17,21c
[349] Ps 51,12
[350] Ez 36,26c
[351] vergl. Lk 20,38
[352] Ez 36,27 f.
[353] Joh 4,14c
[354] Joh 6,35b
[355] Joh 6,57

Rein werden wir auch dadurch, dass wir *die Wahrheit* zulassen. „Was ist Wahrheit?"[356], fragt Pilatus. Wir wissen es: Jesus selbst (vergl. Joh 14,6). Wissen zudem, dass „wahre Beter den Vater anbeten werden im Geist und in der Wahrheit."[357] Sie ist Bedingung für unser Gebet, unsere Beziehung mit GOTT. Ferner ist sie von IHM geschenkte Gnade: „Die Wahrheit wird euch befreien."[358] ‚Befreien' kann mit ‚heilen' gleichgesetzt werden! Jesus nachfolgend erkennen wir Jünger die Wahrheit über uns selbst. SEIN Licht strahlt in unser tiefstes Dunkel, leuchtet aus den Raum unserer Seele, ‚leuchtet uns heim'. Das ist schmerzhaft, wie jeder Blick in die Sonne. Gleichwohl läuternd, Erkenntnis bringend, so dass wir den Weg einschlagen können, der uns aus dem Irrgarten hinaus führt, hin zu *unserem Vater*.

iv. Ein aufdringlicher Gast im Gedankengebäude ist die Stimme namens ‚Aber!'. Sie kleidet sich gern als Selbstgerechtigkeit, ist so beharrlich wie gerissen, überdies unbegrenzt vielfältig in den Spielarten ihrer Tarnungen. Man darf sie keineswegs ignorieren! Sie fortzujagen bleibt eitel Mühen; besser geleite man sie zum Eintritt ins Herz, umarme sie mit Geborgenheit und Mitgefühl. Dann fülle man sein Herz mit Raum schaffender Liebe. Je mehr es an Weite gewinnt, desto weniger kann jene Stimme sich Gehör verschaffen: Es gibt keine Mauern, von denen der Schall ihrer Klagen widerhallen kann. Dass sie zuweilen so viel Macht gewinnt, hängt mit der Enge unseres Denkens zusammen. Gänzlich ausgefüllt von ‚Aber!' wird diese Stimme im Kopf immer lauter werden. Ein weites Herz unterbindet solches.

v. Ermutigend ist die Erfahrung eines der großen Beter aus dem Ersten Testament: „Was willst Du hier, Elija?"[359], fragt diesen der HERR. Wie stets geht der Anstoß von GOTT aus. Elija antwortet mit einer

---

[356] Joh 18,38
[357] Joh 4,23
[358] Joh 8,32
[359] 1 Kön 19,9c

Liste seiner Errungenschaften, Darstellung seiner Opferrolle. Die Antwort GOTTES ist bemerkenswert: „Komm heraus und stell dich auf den Berg vor den HERRN!"[360] Komm heraus: aus Deinem in Selbstmitleid Versunkensein! Komm heraus: aus dem Tohuwabohu der in Dir wütenden Störgefühle und Tiraden! Komm heraus: aus der Kleinheit Deiner Vorwürfe; strecke Dich hinauf (erheb Dein Herz) auf Augenhöhe, so dass GOTT Dir von Angesicht zu Angesicht begegnen kann. Nach Erkennen des HERRN im „sanften, leisen Säuseln"[361] wird Elija still, demütig (er „hüllt sein Gesicht in den Mantel"[362]), kann noch einmal befragt werden: „Was willst Du hier, Elija?" In direkter Gegenwart GOTTES bringt er seine Klagen erneut vor, empfängt nun eindeutige Weisung und Vorhersage dessen, was geschehen wird.

Der Bericht von Elijas Gottesbegegnung kann als Schablone herhalten für die Erfahrung eines jeden Betenden: Einseitig und statisch (Elija legt sich schlafen) bleibt das Gebet, so lange es auf dem vom Menschen Gewollten beharrt: Elija stellt die Forderung (!) „Nun ist es genug"[363] und GOTT solle sein Leben beenden. GOTT bleibt geduldig, streckt sich dem Betenden endlos oft entgegen, (be)stärkt ihn (vergl. V. 5b ff) bis dieser sich auf eine Du-Ich-Beziehung mit GOTT einlässt (Elija geht zur Begegnungsstätte par excellence, dem Horeb). Nun kann es zum befreienden Gespräch kommen. Der Betende kann sein Herz entleeren, sogar Vorwürfe und Anklagen dürfen sein („HERR, warum bleibst du so fern, verbirgst dich in Zeiten der Not?", Ps 10,1; s.a. Ps 13,2; Ps 22,2 usw.). Immer aber bleibt er dafür aufnahmebereit, was GOTT zu sagen hat. Er ist *Hörender* geworden. Nur ein solcher vermag Weisung zu empfangen, nur ein wachsam Annehmender Hilfe und Rettung durch GOTT.

vi. Der Mensch sagt „Ich", wo er „Du" sagen sollte... „Ich" zu sagen müsste allein GOTT vorbehalten bleiben! Warum? „Ich" sagen kann

---

[360] V. 11b
[361] V. 12c
[362] V. 13
[363] V. 4c

nur der jeweils über sich selbst Sprechende; und nur insoweit er sich selbst kennt. Mangelt es an wahrhaftiger Tiefe, sein ganzes Wesen umspannender Weite, wäre ein depersonalisiertes ‚man' angemessener. Wer anstatt phrasenhaft daherzureden authentisch „Ich" sagen möchte, der sucht nach stetig zunehmender Erkenntnis der seinen Namen tragenden Person. Welcher Mensch kann von sich behaupten, er kennte sich endgültig und bis zum Äußersten? Kein einziger. Sofern wir ehrlich bleiben, steht uns demnach das wahrhaftige „Ich" Sagen nicht zu.

Richten wir diese Person unseres Namens danach aus, dem wahren *Ich*, i.e. GOTT (s. Ex 3,14b), zu begegnen! In unserer Beziehung zu/mit IHM gehen wir auf, ertragen unsere Bruchstückhaftigkeit. Damit geht Wandlung einher: Je besser wir uns selbst kennenlernen, desto weniger ersteht überhaupt der Wunsch „Ich" zu sagen; stattdessen drängt es uns mit allen Sinnen, „mit ganzem Herzen, mit ganzer Seele und mit [...] ganzem Denken"[364] zum „Du". GOTT kann und wird in uns wirken, sobald wir IHM zum „Du" werden. IHM, sowie unserem Nächsten (vergl. Lk 10,30 ff).

„Es gibt keine größere Liebe, als wenn einer sein Leben für seine Freunde hingibt."[365] Ein Mensch, der GOTT lieben, Jesus zum *Freund* haben möchte, gibt sein Leben hin, indem er von seinem Ich ablässt, auf dass nur mehr „Christus [in ihm] lebe."[366]

‚Sich hingeben' beinhaltet geben. Dieses sollte kongruent mit schenken sein. Schenken heißt: zu geben ohne erwartete Gegenleistung. Wer darbringt, dabei keinen Dank erhält, darf sich freuen: „Umsonst habt ihr empfangen, umsonst sollt ihr geben."[367] Jeder darf sich im Bereich der ihm geschenkten Charismen (vergl. 1 Kor 12) austoben, ‚ver-aus-geben'. GOTT wird es ihm vergelten. Das entscheidet.

---

[364] Mt 22,37b
[365] Joh 15,13
[366] Gal 2,20
[367] Mt 10,8b

vii. Einmal während der werktäglichen Morgenmesse fiel das Licht der aufgehenden Sonne durch das Fenster auf ein den HERRN Jesus Christus abbildendes Mosaik im Altarraum, beleuchtete ausschließlich die Füße Christi. Die Erkenntnis schloss sich an: ,Auch DU, HERR, da DU DICH in die Begrenztheit hineingeboren hattest, konntest immer nur einen Schritt nach dem anderen setzen.'

Es war eine Zeit, da hatte GOTT Füße! So dürfen auch wir unseren je eigenen Weg gelassen und geduldig beschreiten; mitunter Umwege in Kauf, sie dankbar annehmen. Das christliche Selbstverständnis beinhaltet die Facette des fortwährenden Unterwegsseins: immerzu in Nachfolge des HERRN, immerzu in Beauftragung der Mission und Nächstenliebe, allzeit Beginnende, auch im Gebet. Das birgt ein nicht unerhebliches Potenzial an Unbill und Gefahren. Üblicherweise widerfährt uns davon nur der geringste Teil. Auch der Dankbarkeit für alle nicht eingetroffenen Unfälle, den erspart gebliebenen Ärger darf somit im Gebet Raum geschaffen werden: „HERR, danke für EUREN immerwährenden Schutz und Beistand; danke, dass IHR mir nur so viel Ärger zumutet, wie zu ertragen ich imstande bin; danke, dass IHR mich dazu befähigt."

Unter-Wegs Sein ist ein Hindurch-Gehen: durch die Wüste zum gelobten Land; durch das Leid zur Hoffnung; durch das Kreuz zum Leben.

viii. „Wenn einer hinter mir hergehen will, verleugne er sich selbst, nehme sein Kreuz auf sich und folge mir nach. Denn wer sein Leben retten will, wird es verlieren; wer aber sein Leben um meinetwillen verliert, wird es finden."[368] Ein konkret genanntes Hilfsmittel für Momente der geistigen Enge! Bevor man in Streit fällt oder inneres Wüten zulässt (i.e. „sein Leben retten will"), halte man inne für die folgende Meditation: ,Schließe Deine Augen, stell Dir die Weite der Wüste/Steppe vor; richte Deinen Blick auf die *Sonne der Gerechtigkeit* und lauf IHM entgegen!' - Das auf sich genommene Kreuz sind

---

[368] Mt 16,24 f.

die Gefühle der Empörung, des Rechthabens, des verletzt worden Seins; zusammen mit der erlittenen Demütigung nehme man es auf sich, ‚verliere sein Leben' um SEINET- und des Evangeliums willen und laufe hinein ins Licht, folge „dem Leben"[369].

Es werden Stimmen bedrängen. Unbekümmert setze man seine Nachfolge fort: IHM, der *Sonne,* entgegen; alles, was an Störung kommt, geht auch wieder. Entscheidend bleibt die Ausrichtung: „Wenn einer mir dienen will, folge er mir nach; und wo ich bin, dort wird auch mein Diener sein. Wenn einer mir dient, wird der Vater ihn ehren."[370]

Vor dem Ruf zur Nachfolge aber steht: „Kommt her!"[371]. Erst Hin*wendung* zu IHM ermöglicht Nachfolge; es kann nur demjenigen gefolgt werden, der zuvor erblickt, in größter Nähe *wahr*genommen wurde. Dieses „Kommt her, mir nach!" fasst in vier Worten zusammen, was das Leben eines Jüngers Christi (damals wie heute) bestimmt: Glaube / Gebet, dann Handlung. Erst die Anbetung, dann deren Auswirkungen inmitten des Tagesgeschehens. Christi Heilige Kirche soll (an)betend <u>und</u> handelnd, i.e. dienend sein.

ix. Nur gut, dass GOTT transzendent ist, sich allem menschlich Erklärbaren entzieht! So bleiben wir suchend, in Be-Weg-ung. Sie ist Charakteristikum lebendigen Seins. Wo Stillstand eintritt, ist der Tod.

x. Nach einer Verfehlung, einem den Geboten GOTTES Zuwiderhandeln, entsteht früher oder später der Wunsch in uns, reumütig vor IHN hinzutreten, IHN um Verzeihung zu bitten. ER zieht uns zu sich, weckt unsere Sehnsucht nach Aussöhnung und Frieden mit IHM. Wir bitten um Vergebung, weil wir darauf vertrauen dürfen, dass ER sie schenken wird. Jederzeit könnte und kann GOTT SEINE Schöpfung immerhin zurückziehen. ER tut es nicht, weil ER die Liebe ist[372]. Liebe

---

[369] vergl. Joh 14,6
[370] Joh 12,26
[371] Mt 4,19 par Mk 1,17
[372] s. 1 Joh 4,8b

zerstört nicht, schon gar kein Leben. Dieses eingesenkt erhaltene Vertrauen ist erlebbares Zeugnis SEINER Barmherzigkeit.

xi. Jesus Christus, unser HERR, verspricht: „Frieden hinterlasse ich euch, meinen Frieden gebe ich euch; nicht, wie die Welt ihn gibt, gebe ich ihn euch. Euer Herz beunruhige sich nicht und verzage nicht."[373] Dieser tiefe, erlösende Frieden kann wie jedes echte Geschenk weder erarbeitet noch gar erwartet werden. Freilich dürfen wir die *Heilige Dreifaltigkeit* darum bitten. Sollten es tun! Uns hernach in eine empfangsbereite Haltung versetzen. Jedes Gebet bedarf eines entsprechend achtsamen Gestimmtseins; andernfalls besteht die Gefahr, dass die Antwort ungehört verklingt.

Empfangsbereitschaft zeigen wir z. B. durch unser Besuchen und Verweilen vor dem HERRN: sitzen und atmen vor dem Tabernakel; bar der Erwartung, dass etwas geschehe. Wie die Solarzelle nichts dazu beiträgt, ob/wann die Sonne erscheint, oder wieviel ihrer Kraft in die Zelle fließen wird, so kann auch der Mensch nichts beeinflussen. Seine Anwesenheit reicht hin. Wie beruhigend ist doch dieser Gedanke! Alles, was geschieht, hat seinen Ursprung in GOTT, wie seit Anbeginn der Zeit: „Im Anfang schuf Gott Himmel und Erde..."[374]

Im Gebet sein heißt ebenso: einfach für IHN da, bei IHM zu sein. In Stille verweilen, IHM zu Füßen; wissend, dass Jesus Christus für uns betet (vergl. Joh 17,9.20). Ein Kreuz in die Hand nehmen, die Stille anhören: GOTT ist gegenwärtig. „HERR, ich bin nicht würdig, dass DU eingehst unter mein Dach[375]... aber gestatte mir bitte, bei DIR einzukehren, still vor DIR zu werden!"

GOTT ‚Zeit schenken'? Sie ist ja SEIN! Aber Verzicht, ein Zurückstellen all jener Beschäftigungen, jener zu ‚Verpflichtungen' erhobenen Aktivitäten, zugunsten eines vor IHM in Stille Seins: das können wir schenken. Wenn beim Sitzen vor dem HERRN vermeintlich gar

---

[373] Joh 14,27
[374] Gen 1,1
[375] vergl. Mt 8,8

nichts geschieht... lässt uns das unbekümmert. Unerheblich sind Tun oder Erreichen, Erarbeiten oder Gewinnstreben. Jesus Christus ist da - wir sind da. ER beruhigt und ermutigt uns: „Lernt von den Lilien des Feldes, wie sie wachsen: Sie arbeiten nicht und spinnen nicht."[376] Mit allen Sinnen also ‚schauen' wir und sind bereits Beschenkte: „Denn das ist der Wille meines Vaters, dass jeder, der den Sohn sieht und an ihn glaubt, das ewige Leben hat und dass ich ihn auferwecke am Jüngsten Tag."[377] Hallelujah!

xii. Die irreleitende Befürchtung beim Beten ‚viel tun zu müssen' wurzelt tief. Wir sind allzu beschäftigt mit Selbstbe-/-verurteilung. So lange wir unser Gespräch mit GOTT leistungsorientiert führen, untergraben wir, dass ER SICH schenken möchte. Der Psalmist singt: „[Der HERR] hat keine Freude an der Stärke des Rosses, er hat keinen Gefallen an der Kraft des Helden. Gefallen hat der HERR an denen, die ihn fürchten, an denen, die auf seine Liebe warten."[378] Vertrauen wir uns doch SEINER Liebe an! Vertrauen wir darauf, dass GOTT die Liebe ist[379]; von uns nur eine Antwort wünscht: Liebe „mit ganzem Herzen, mit ganzer Seele und mit ganzer Kraft."[380] Die Liebe aber „ist gütig; sie ereifert sich nicht, sie prahlt nicht, sie bläht sich nicht auf."[381]

Wer liebt, nimmt sich Zeit für sein Gegenüber; gibt ihm Raum. Möchte von ihm und seinem Fühlen, Denken, Erleben erfahren, anstatt von sich selbst zu berichten. Wer liebt, nimmt eine Haltung der Neugierde und des Staunens ein: darüber, was der Andere zu sagen habe. Er bringt offene Sinne, ein offenes Herz dar; kann schweigen - und möchte es.

---

[376] Mt 6,28b
[377] Joh 6,40
[378] Ps 147,10 f.
[379] s. 1 Joh 4,8b
[380] Dtn 6,5
[381] 1 Kor 13,4

xiii. Beten und Zwang schließen einander aus. Dieser impliziert ein fehlendes Vertrauen. Vor/mit dem HERRN zu sein, sich ganz und gar IHM hinzuhalten: das genügt. Wer würde von sich behaupten, er fühle sich gezwungen, seine/n Liebste/n zu treffen?

Im Gegenteil drückt sich im Sehnen hin zu GOTT, im daraufolgenden mündlichen oder stillen Beten, größte Freiheit aus: es gründet auf einem von sich selbst Ab-, einem auf den *Höchsten* Hinsehen. Frei ist derjenige, welcher sich selbst überwinden, sich selbst verlassen kann: „Es gibt keine größere Liebe, als wenn einer sein Leben für seine Freunde hingibt."[382], sowie: „Wer aber sein Leben um meinetwillen und um des Evangeliums willen verliert, wird es retten."[383]

Der in uns betende Geist GOTTES, der *Geist der Wahrheit und Liebe*, versetzt uns demnach in den Zustand größtmöglicher Freiheit: „Der Herr aber ist der Geist; wo aber der Geist des Herrn ist, da ist Freiheit."[384] Jegliche Zwangshaltung widerspricht der dem Menschen innewohnenden Würde: GOTT erschuf uns „als sein Bild"[385]. Bei/in GOTT wohnt die absolute Freiheit; wir haben Teil an ihr: „Christus [hat uns] zur Freiheit befreit"[386], wir sind „zur Freiheit berufen, [... um] einander in Liebe [zu dienen]"[387]. Einander, ebenso und zuvorderst GOTT.

> *„Heiligste Dreifaltigkeit*, erinnert mich immer
> wieder daran, dass ich EUCH liebe!"

„Liebst du mich?"[388], so fragt der HERR. Ja; doch sagen wir es IHM auch: „HERR, ich liebe EUCH!" - Unseren Partnern, Kindern, Eltern, Freunden usw. tun wir solches regelmäßig kund. Doch gegenüber

---

[382] Joh 15,13
[383] Mk 8,35b
[384] 2 Kor 2,17
[385] Gen 1,17
[386] Gal 5,1
[387] Gal 5,13
[388] Joh 21,15b.16b.17b

GOTT, unserem Schöpfer? ER schenkt uns mehr Liebe, als wir je von anderen empfangen könnten. Braucht es wirklich Jesu Fragen?

Als ganztägiges Gebet in Geist und Herz veredelt dieses „HERR, ich liebe EUCH!" jedes Leben! Wer es in sich klingen hört, über und über, wird bei erfahrener Unbill gelassen reagieren, Wut oder Ärger bleiben ihm fern. Ein kurzes Aufschrecken womöglich, doch werden Sanftmut und stiller Frieden obsiegen.

xiv. Es wird gern viel geredet. Zuviel. Wer es tut, fällt zügig aus der Wahrheit. Oder wählt versehentlich ein unangebrachtes Wort, verletzt damit seinen Nächsten. Entfällt dem Lieben. Auch Eifer für GOTT sollte mehr sein als bloßer Wortschwall. Jesus Christus erhellt: „Wer aber die Wahrheit tut, kommt zum Licht, damit offenbar wird, dass seine Taten in Gott vollbracht sind."[389] Die Wahrheit tun bedeutet, in sämtlichen Aktivitäten den HERRN wirken zu lassen: nur ER, Jesus Christus, ist „die Wahrheit"[390]. Wer glaubwürdig und *wahr*-haftig „das [nahe] Himmelreich"[391] verkündigen möchte, kann letztlich schweigend bleiben. Es reicht hin, dem *Heiligen Geist* Raum zu geben, dass ER aus dem Inneren hervorleuchte: „So soll euer Licht vor den Menschen leuchten, damit sie eure guten Taten sehen und euren Vater im Himmel preisen."[392] Jesus Christus tritt dann als Kraft der Liebe ins Außen und verkündigt sich selbst, wie Paulus bestätigt: „Nicht mehr ich lebe, sondern Christus lebt in mir."[393]

Was „dem Herrn dienen" bedeutet, führt der Apostel konkret aus: „Lasst nicht nach in eurem Eifer, lasst euch vom Geist entflammen und dient dem Herrn! Freut euch in der Hoffnung, seid geduldig in der Bedrängnis, beharrlich im Gebet! Nehmt Anteil an den Nöten [der Nächsten]; gewährt jederzeit Gastfreundschaft! Segnet eure

---

[389] Joh 3,21
[390] Joh 14,6
[391] Mt 10,7b
[392] Mt 5,16
[393] Gal 2,20

Verfolger; segnet sie, verflucht sie nicht! Freut euch mit den Fröhlichen und weint mit den Weinenden!"[394] Sich freuen, Geduld üben, beharrliches Beten, segnen, mitfühlen: das ist Dienst am HERRN.

Für authentische Nachfolge, Mission, Verkündigung Christi ist „nur eines [...] notwendig"[395] : die Liebe zu GOTT, zu unserem HERRN. Das Leben vereinfacht sich in dem Maße, in dem Gottesliebe sowie Hingabe zunehmen. Wirkt ER ungehindert in uns, breitet sich der *Himmel* aus: aus Feinden werden Nächste, diese geliebt, Frieden allumgreifend. Finsternis weicht. GOTT ermöglicht einem jeden von uns *Kindschaft*, eine Umwandlung in die Person, die wir SEINEM Willen gemäß sein sollen.

À propos ‚umwandeln': In der Präfation zum Hochgebet während der Liturgie an Allerseelen heißt es: „Denn deinen Gläubigen, oh HERR, wird das Leben gewandelt, nicht genommen." Wollen wir wirklich, dass GOTT uns heilt? Wollen wir wirklich zum Menschen der „neuen Schöpfung"[396] erlöst werden? Wer das bejaht, willigt in Selbsthingabe ein: Denn nur IHM Gegebenes kann ER umwandeln.

xv. tröstende Anregungen:

Ein Christenmensch ist immer begleitet. Stets kann er sich EINEM zuneigen, der einen Person an seiner Seite; eine, die drei Personen sind: der *Heiligsten Dreifaltigkeit*.

Gebet bedeutet Gemeinschaft: Im Ausüben desselben verbindet sich der Einzelne mit sämtlichen Betenden aller Länder der Erde. Insbesondere während des erklingenden Sanctus der heiligen Liturgie, besteht die feiernde Gemeinde aus allem, was betet, dies- wie jenseitig. ‚Alleinsein' ist Irrglaube. Wie wäre es ferner, träfen sich christliche Geschwister unterschiedlicher Konfessionen regelmäßig zum Gebet?

---

[394] Röm 12,11-15
[395] Lk 10,42
[396] 2 Kor 5,17

Es ist viel voneinander zu lernen. Gänzlich unerwartet kann uns *das Wort* treffen im Gewand einer unvertrauten Übersetzung. Der Psalm 119, Vers 54 lautet plötzlich: „Deine Ordnungen waren die Lieder meines Lebens in den vielen Jahren meiner Pilgerschaft"[397], oder „Deine Gebote sind mein Lied geworden im Haus, in dem ich Fremdling bin"[398], statt wie aus der Einheitsübersetzung bekannt: „Zum Lobgesang wurden mir deine Gesetze im Haus, in dem ich fremd war."[399] Andere Akzente, durch die Stimmen zum Beispiel lutherisch-evangelischer Geschwister wahrgenommen, haben die Kraft, den eigenen Glauben zu stärken, das eigene Gebet zu vertiefen. Grundsätzlich gilt, dass ein gemeinsames Beten unter Christen verschiedener (Bekenntnis-)Herkunft friedenstiftend ist; hier wird Einheit erfahrbar.

Sehnsüchtiges Bangen, ob von dem/der fern wohnenden Freund/in oder Liebsten heute Nachricht eintreffen werde, bleibt dem Christenmenschen erspart: jeden Tag schenkt Jesus Christus uns SEIN Evangelium.

Der Gedanke, dass wir Menschen gänzlich auf uns selbst gestellt leben/wirken sollten, ist reinste Überforderung (und Beleidigung) für die Vernunft! Lob und Dank sei GOTT, dass ER uns trägt, stützt, führt; dass ER uns liebt!

Wem der Zugang zu einem der häufig für GOTT gewählten Bilder fehlt, wem sich viele der angebotenen Analogien entziehen, der richte sich und sein Beten an die *Heilige Dreifaltigkeit*. Diese ‚Anrede' ist immun gegenüber Abnutzung durch Überfrachtung mit menschlich allzu Vertrautem. Aufgrund ihrer unmöglichen intellektuellen Fasslichkeit bleibt sie unantastbar.

---

[397] Ps 119,54 Neues Leben. Die Bibel
[398] Ps 119,54 Lutherbibel 2017
[399] Ps 119,54 EÜ

„Einer ist Gott, Einer auch Mittler zwischen Gott und den Menschen: der Mensch Christus Jesus."[400] ER verspricht: „Was ihr den Vater in meinem Namen bitten werdet, das wird er euch geben"[401], sowie: „niemand kommt zum Vater außer durch mich."[402] Ein Gebet in SEINEM Wortlaut, vor dem Tabernakel, in SEINER Präsenz -- das Maß an Glückseligkeit!

„Habt Mut: Ich habe die Welt besiegt."[403] Das Paradies ist jetzt und hier! Adam kannte Jesus nicht, so konnte er dem Paradies verloren gehen - wir haben es besser getroffen als Adam.

Danken atmet das Herz weit: ein tiefer, bewusst dem Herz eingespeister Atemzug auf „Dan-", gefolgt von einem kurzen „-ke" beim Ausatmen öffnet den Raum des Herzens.

„Bekleidet euch also, als Erwählte Gottes, Heilige und Geliebte, mit innigem Erbarmen, Güte, Demut Milde, Geduld! [...] Vor allem bekleidet euch mit der Liebe, die das Band der Vollkommenheit ist!"[404] Das Schlagen des Kreuzes über unseren Leib birgt auch eine ganz körperliche Dimension: eine Bewegung ähnlich derjenigen, die der Arm beim Umlegen eines Schals vollzieht. So ziehen wir bei jedem uns Bekreuzigen GOTTES Geschenk, den Glauben, wie ein Kleidungsstück an. Schützt der Schal vor kalten Winden, so das ‚Gewand des Kreuzes' vor Unbill gegen die Seele: „Fürchtet euch nicht vor denen, die den Leib töten, die Seele aber nicht töten können."[405] „Denn ihr alle, die ihr auf Christus getauft seid, habt Christus angezogen."[406]

---

[400] 1 Tim 2,5
[401] Joh 16,23c
[402] Joh 14,6b
[403] Joh 16,33b
[404] Kol 3,12.14
[405] Mt 10,28
[406] Gal 3,27

Jeden Tag erhalten wir Gotteskinder eine Dosis Evangelium geschenkt. Wird sie als Gutenachtgeschichte genossen, flieht jedes Dunkel: „Durch die barmherzige Liebe unseres Gottes wird uns besuchen das aufstrahlende Licht aus der Höhe, um allen zu leuchten, die in Finsternis sitzen und im Schatten des Todes, und unsere Schritte zu lenken auf den Weg des Friedens."[407]

„DEINEN Tod, oh HERR, verkünden wir und DEINE Auferstehung preisen wir: bis DU kommst in Herrlichkeit!"[408] So rufen wir als Hoffend-Wartende. Warten kann schon Gebet sein, ein Weg der Nachfolge. Maria erhielt das „Ave!" Gabriels und glaubte. Danach er-wartete sie: die Geburt unseres Erlösers. Wird später in Kana zu Geduld aufgerufen (s. Joh 2,4b). Auch Maria von Betanien wartete: „zu Füßen [Jesu] und hörte seinen Worten zu"[409]. Damit wählte sie „den guten Teil"[410]. Wer warten, wachen, ausharren kann, lebt im Frieden: umso mehr der währenddessen Betende (vergl. Mt 26,41). Und wem das Warten schwerfällt, der suche den Tabernakel auf, der feiere Eucharistie! Abkehr ist zwar möglich, Vernachlässigen, Vergessen. Jedoch sieht die Hoffnung uns allezeit an. Wenn wir uns mühen, sie zu sehen, war sie längst zugegen; schauen wir auf sie, beim stillen Gebet, sind wir bereits Geschaute, sind An-Gesehene.

„Jesus aber schwieg."[411] Beim Verhör durch den Hohen Rat, weiterhin als ER schon ans Kreuz geschlagen worden war: Ja, es gibt die „Sieben letzten Worte unseres Erlösers"; doch ohne Anklage, Vorwurf, ohne Selbstrechtfertigung oder -mitleid. Weder Leidensklage noch Geschrei - was immerhin naheläge nach den vielen Stunden Qual und erlittener Pein! Jesus aber schwieg. - Für SEINE Jünger (uns) bedeutet das ein schweigsames Erdulden persönlich empfundener

---

[407] Lk 1,78 f.
[408] mysterium fidei; Akklamation während der Hl. Messe
[409] Lk 10,39b
[410] V. 42b
[411] Mt 26,63

Ungerechtigkeit. Denn wir wissen: GOTT wird uns rechtfertigen. „Selig, die hungern und dürsten nach der Gerechtigkeit; denn sie werden gesättigt werden." „Selig die Trauernden; denn sie werden getröstet werden." „Selig, die verfolgt werden um der Gerechtigkeit willen; denn ihnen gehört das Himmelreich."[412]

Heilswirksam ist das Sakrament der Versöhnung bereits deshalb, weil durch dasselbe wir uns im Loslassen üben: Wo GOTT in SEINER Barmherzigkeit unsere Verfehlungen, Missetaten ‚loslässt', dürfen auch wir nach der Beichte abschließen mit allem in Reue Bekanntgegebenen. Es ist vergangen, vergeben. Unbeschwert, ungehindert können wir uns erneut dem Lebendigen widmen, der Liebe zu GOTT und unseren Nächsten. Welch großer Segen!

Manchertags ist es kalt. Inmitten des Sommers kann es vorkommen, dass der Frost auflauert, zupackt. Dann, rasch, zu DIR! Das Herz in die Hände nehmen, es an der Osterkerze im Gebet entzünden! DU, HERR, wärmst, DU zündest, DU legst der Liebe Feuer in unser Leben; durch uns Funkensprühende hernach in das Leben von Gemeinde und Stadt (vergl. Lk 24,32).

Auf GOTTES Wort folgt unsere Ant-Wort; auf „Ich bin der HERR, dein Gott."[413] darf jeder Mensch rufen: „DEIN, HERR, bin ich!"

Gebet, das ist unablässiges Fragen; der fragendenden Haltung wohnen hoffen, hören, bitten, sehnen, vertrauen, Lob und Hinwendung inne. Rogo, ergo oro.[414]

Das „Magnificat" sei der Vesper, das „Benedictus" den Laudes vorbehalten? Mitnichten; eignen sich beide doch genauso gut für Gesänge

---

[412] Mt 5,6.4.10
[413] Dtn 5,6
[414] Latein für : Ich frage, also bete ich.

zwischendurch! Weder zeitgenössisches Um- noch Neudichten erreicht, was an Tiefe dem bereits überlieferten Wortlaut innewohnt. Dank Lukas singen wir, wozu zahllose Gläubige jahrhundertelang sich bekannten, gewissermaßen in Anvermählung. Dieses Hineinholen der und des Vergangenen in unser Jetzt darf zu jeder Tageszeit geschehen: „Meine Seele preist die Größe des Herrn und mein Geist jubelt über Gott, meinen Retter."[415]

*

Irgendwo auf der Welt blüht jetzt, gerade diesen Augenblick, ein Maiglöckchen. Weder imstande, es zu sehen, noch seinen Duft zu verkosten, reicht der Gedanke hin, *dass* es ist. So steht es um alle Dinge. Gnade wird erfahrbar, weil wir *glauben*, SIE sind: „Und siehe, ich bin mit euch alle Tage bis zum Ende der Welt."[416]

Hallelujah!

---

[415] Lk 1,46 f.
[416] Mt 28,20b

JESU WIEGE IST MEIN HERZ

„Soweit es euch möglich ist, haltet mit allen Menschen Frieden!"[417] „Besiege das Böse durch das Gute!"[418] - ...mahnt Paulus. „DU, HERR Jesus Christus, sprichst: *Frieden hinterlasse ich euch, meinen Frieden gebe ich euch; nicht, wie die Welt ihn gibt, gebe ich ihn euch. Euer Herz beunruhige sich nicht und verzage nicht.*[419] sowie: *Selig, die Frieden stiften; denn sie werden Kinder Gottes genannt werden.*[420]

„Wie aber, HERR, wie kann ich Frieden stiften, wenn es tobt und wütet in mir? DU schenkst mir DEINEN Frieden, ja! Achtlos gehe ich damit um: In meinem Unruh-Herzen, in meinen Gedanken herrschen Zwietracht, Disharmonie, Sturm... Hilf mir doch bitte, dieses Geschenk wertzuschätzen, DEINEN Frieden nicht mit Füßen zu treten! HERR, bitte hilf mir!"

Inbrünstiges Flehen, ungezählt oft. Dann antwortete Kind Jesus: „Gib mir Dein Herz zur Wiege: Ich lege mich hinein."

Seitdem ist alles anders. Im Erfahren des Liebe atmenden Jesuskindes in meinem Herzen bleibt nur eines wichtig: Hüten und Wahren dieses Friedens. Wie könnte ich gestatten, dass Wut aufkoche, der innere Schatz in Brand geriete? Wie könnte ich den Einzug von Ärger

---

[417] Röm 12,18
[418] Röm 12,21b
[419] Joh 14,27
[420] Mt 5,9

billigen, dessen Tosen die Wiege hin und her schleuderte? Das bleibe fern von DIR!

Hehre Absicht, großer Ehrgeiz...

Schon wenige Tage darauf kleinlaut. Anfällig für innere Gewitter, konnte ich IHN nicht schützen. „HERR, verzeih mir bitte! Ich habe versagt. DU musst mir helfen! Es ist zu schwierig." Kind Jesus sprach: „Du Kleingläubige! Warum zweifelst Du? Ich helfe Dir in allem. Tu das Dir Mögliche, den Rest übernehme ich."

Lautere Absichten schützen vor Selbstüberhebung nicht! SEINE Hilfe ist verlässliche Zusage; GOTT wird mich kräftigen, sofern ich es zulasse. Auch *Maria* hilft, gerade sie als Mutter.

Vor einer Weile setzten die inneren Stürme aus, verloren deren äußere Impulse ihre Explosionskraft. Potenz zur Zündung, um Affektionen zu entflammen, bleibt. Als einziges Brennmaterial nun die Wiege des Jesuskindes... Bevor ich durch geistige Enge deren Feuerfangen verstatte, ruft ER mir entgegen, öffnet Raum für Entscheidung: „Ist es wirklich wichtig, darüber in Brand zu geraten, mich versehrend?" „Nein", antworte ich, „bitte schenke mir DEIN Lächeln und Jauchzen zur Ermutigung."

SEIN Lachen weitet mein Herz. SEIN Frieden erfüllt es ganz, macht mich glaubwürdig in der Nachfolge Christi, gelangt ungehindert zu meinem Nächsten.

Dank und Lob sei der *Heiligsten Dreifaltigkeit*.

ROSENKRANZ FÜR ALLE FÄLLE

So praktisch wie sinnvoll ist der Rosenkranz ein wirkliches Hilfsmittel beim regelmäßigen Gebet für Andere. Jedes Gesätz kann gezielt die bekannten, alle Menschen betreffenden Nöte in den Mittelpunkt stellen, sich dabei auf Worte unseren HERRN Jesus Christus stützen, die die Heilige Schrift offenbart. Beispielhaft sei genannt:

+

Im Namen des Vaters, des Sohnes und des Heiligen Geistes:

Ich glaube an GOTT,...

Ehre sei dem Vater, dem Sohn und dem Heiligen Geist:
wie im Anfang, so auch jetzt und allezeit, und in Ewigkeit; amen.

Vaterunser und 3 x Gegrüßet seist Du, Maria...
(„den Glauben vermehren..." / „die Hoffnung stärken..." /
„die Liebe entzünden möge")

---

1. Gesätz: für Papst N.N., unsere Bischöfe, Priester, Diakone
und Ordensangehörigen,
lebend oder bereits verstorben

Vaterunser und 10 x Gegrüßet seist Du... :
...die Frucht Deines Leibes Jesus,
„auf den wir hören sollen"[421].

Ehre sei... Wie im Anfang... Jesus, auf DICH vertraue ich,
hab Erbarmen mit uns.

*

2. Gesätz: für all jene, die akut erkrankt,
oder chronisch leidend sind - ggf. N.N.

Vaterunser und 10x Gegrüßet seist Du... :
...die Frucht Deines Leibes Jesus, der „mit seinem Wort
die Geister austrieb und alle Kranken heilte"[422].

Ehre sei... Wie im Anfang... Jesus, auf DICH vertraue ich,
hab Erbarmen mit uns.

*

3. Gesätz: für all jene, die Not leiden,
welcher Art auch immer - ggf. N.N.

Vaterunser und 10 x Gegrüßet seist Du... :
...die Frucht Deines Leibes Jesus,
der „die Welt besiegt hat"[423].

Ehre sei... Wie im Anfang... Jesus, auf DICH vertraue ich,
hab Erbarmen mit uns.

*

---

[421] Mk 9,7b
[422] Mt 8,16b
[423] Joh 16,33c

4. Gesätz: für jene, die zu Antagonisten wurden,
am aktuellen Tag / in jüngster Vergangenheit,
lebend oder bereits verstorben: N.N.

Vaterunser und 10 x Gegrüßet seist Du... :
...die Frucht Deines Leibes Jesus, der gebietet:
„Liebt eure Feinde und betet für die, die euch verfolgen"[424].

Ehre sei... Wie im Anfang... Jesus, auf DICH vertraue ich,
hab Erbarmen mit uns.

*

5. Gesätz: für alle, die sich der Umkehr,
dem Gebet verschließen,
lebend oder bereits verstorben: N.N.

Vaterunser und 10 x Gegrüßet seist Du... :
...die Frucht Deines Leibes Jesus,
der gebietet: „Liebt einander!"[425]

Ehre sei... Wie im Anfang... Jesus, auf DICH vertraue ich,
hab Erbarmen mit uns.

*

Gebet für die Widersacher des Tages

Ein Gesätz für all jene, die heute für Ärger gesorgt haben; die sich abweisend / verstörend verhalten; die wiederholt belästigen; die uns enttäuschen usw.

Wer zehnmal die *Muttergottes* um Beistand und Fürsprache für einen Nächsten anruft, kann diesen nicht länger ‚hassen'; das Gebet bricht Mauern auf, unterbricht innere Wutstürme.

---

[424] Mt 5,44
[425] Joh 13,34b

Danach die Bitte an den *himmlischen Vater*: „Hilf mir, HERR, dass ich N.N. verzeihen kann! Und hilf N.N. dabei, mir zu verzeihen."

Ein jedes Mal, da ich mich eitel-hochmütig / besserwissend über meinen Nächsten erhebe, brichst DU, HERR, unter dem Kreuz meiner Sünde zusammen und liegst am Boden... wie einst die Hohepriester sich rechtmäßig das Gesetz Erfüllende wähnten, so nagelt mein Rechthaben-/Rechtbaltenwollen DICH ans Kreuz... immer und immer wieder.

„HERR, verzeih mir bitte, dass ich DICH fallen lasse! Wenn ich aber falle, mich Hals über Kopf in Eitelkeiten stürze, eile mir zu helfen; DU, Richter über die Lebenden und die Toten, richte DU mich wieder auf!"

„Verzeih mir, HERR, mein Recht-Fertigen: weise DU mir den Weg zurück in die Wahrheit."

*

Gebet für persönlich unbekannte Verstorbene

Ein Spaziergang könnte über den Gottesacker führen; währenddessen betet man den Rosenkranz, bittet für die am Ort Ruhenden. Allzu bald vergessen wir das Beten für die Heimgegangenen... dieser Bittweg wirkt dem entgegen.

ROSENKRANZ DER HINGABE

+

Im Namen des Vaters, des Sohnes und des Heiligen Geistes:

Ich glaube an GOTT,...

Ehre sei dem Vater, dem Sohn und dem Heiligen Geist:
wie im Anfang, so auch jetzt und allezeit, und in Ewigkeit; amen.

Vaterunser und 3 x Gegrüßet seist Du, Maria...
(„den Glauben vermehren" / „die Hoffnung stärken" /
„die Liebe entzünden möge")

--

<u>große Perlen</u>:
Jesus, DIR vertraue ich,
DU bist Hoffnung, Wahrheit, Leben, LIcht.

<u>Zehn kleine Perlen, 1. Gesätz</u>:
Jesus, DEIN bin ich, hab Erbarmen!

<u>Zehn kl. Perlen, 2. Gesätz</u>:
Siehe, ich bin die Magd* des HERRN,
mir geschehe nach DEINEM Wort. (aus d Angelus)

---

* ...der Knecht des HERRN

123

<u>zehn kl. Perlen, 3. Gesätz</u>:
DEIN Wille allein geschehe; ich sage Ja.

<u>Zehn kl. Perlen, 4. Gesätz</u>:
Ich glaube; hilf meinem Unglauben! (Mk 9,24)

<u>zehn kl. Perlen, 5. Gesätz</u>:
Sprich nur ein Wort, HERR, so wird meine Seele gesund.
(vergl. Mt 8,8)

<u>abschließend</u>:
Allmächtiger Gott, Geheiligt werde DEIN Name -
Allgütiger Gott, DEIN Reich komme -
Barmherziger Gott, DEIN Wille geschehe.

Amen.

*

HERR, wirke in mir;
wirke, HERR, durch mich;
nach DEINEM Willen, HERR.

Amen.

NACHFOLGE ...

... sinnlich erfahren. Eine Etüde

„Kehrt um und glaubt an das Evangelium!"[426] Umkehr ist Umdenken. Die Nachfolge Christi wird verblüffend ‚einfach', sobald man erkennt, dass sie ins bereits Bestehende gewoben ist. Allzu naheliegend ist der Gedankengang: Ja, ich will barmherzig sein, will IHM nachfolgen, will aufopfernd mich dem Nächsten widmen – also hin in die Krisengebiete, hinein ins Elend der Hungernden; alles Hiesige aufgeben, fortziehen, ins Kloster oder in die Armenviertel der Erde umsiedeln... Groß gedacht, indes kein Weg für jedermann! Womöglich ist es eher so: Genau hierhin hast DU, GOTT, mich gesetzt; hier und jetzt brauchst DU mich: Hungernde, Arme, von Krisen Gezeichnete lassen sich konkret in meinem aktuellen Lebensumfeld finden. Denn auch DU, HERR Jesus Christus, hast an DEINEM Ort gewirkt, genau dort, wo es Not tat.

Mitten unter uns bist DU, HERR. Im Armen, Kranken, Hungernden, Frierenden, Gefangenen (vergl. Mt 25,31-46) begegnest DU mir, täglich! An Hoffnung Arme, seelisch Erkrankte, nach Liebe und Geborgenheit Hungernde, Frierende ob des eisigen Miteinanders; Gefangene in Missmut, Verbitterung, Paranoia... gibt es hier zuhauf. Man

---

[426] Mk 1,15b

braucht nur aus der Wohnung hinaus, auf die Straße zu treten und den Entgegenkommenden in die leeren Augen zu blicken.

So bedeutet *Umkehr* das ohnehin Gegebene mit neuem Sinn zu füllen, ihm eine neue Ausrichtung zu geben: statt daheim zu sitzen und ein Buch zu lesen, komme ich zu DIR, HERR, an den Tabernakel, schenke DIR stille Anbetung; statt eines Spaziergangs, während welchem ich (zumeist überflüssige) Gedanken wiederkäue, bete ich laufend für meine Nächsten, singe DIR Lob; danke für alles Gute, das DU uns schenkst (vergl. Eph 5,19 f.). Solltest DU mich schließlich für einen konkreten Dienst brauchen, wirst DU es mir kundtun. Dank dieser Lebensweise im Gebet, Dank offener Sinne für DEINEN Ruf, mithilfe regelmäßiger Lektüre der Heiligen Schrift werde ich richtig gestimmt sein, die Offenbarung DEINES Willens wahrzunehmen, um dann dort mitwirken zu können, wo mein Einsatz hilft.

Man könnte Exerzitien im Stil der durch die Evangelien vermittelten Lebensumstände unseres HERRN Jesus Christus verbringen; Nachfolge sinnlich erfahrbar werden lassen:

i

Aufstehen während der Dunkelheit, Gebet an einem einsamen Ort (vergl. Mk 1,35); beim Erwachen:

Dank und Lob an DICH, *himmlischer Vater*, dass DU mich geschaffen hast und am Leben willst; dass DU mich die Nacht über behütet und vor Unheil bewahrt hast; dass DU mir hilfst, mit neuer Kraft gestärkt, die Aufgaben des Tages zu bewältigen. Danke für den Glauben und das Gebet; danke für alles Gute, das DU mir heute völlig unverdient schenken wirst; danke für all die Bewährungsproben, die mir vor Augen führen, dass DU mich liebst, sowie mir zeigen, dass DU gibst und nimmst, nach DEINEM Willen. Danke für den Schutz und Segen, den DU meiner Familie, meinen nächsten Anvertrauten, meinen Wohltätern und Widersachern spendest: alle sind wir DEINE geliebten Kinder. Hilf mir bitte dabei, dieser Wahrheit stets eingedenk zu bleiben; amen.

ii

Für jede Handlung schon der ersten Morgenstunde kann gedankt werden:

Danke für den Wohlstand, den ich erleben darf: den Schutz der eigenen geräumigen Wohnung; das fließende, saubere Wasser; elektrischen Strom; Vorratsdosen mit Tee / Kaffee; diverse Kleidung zur Auswahl usw.

iii

Den ganzen Tag unterwegs sein (vergl. Mk 1,16.19.21.29.38 u.v.m.):

Bei jedem Schritt, den ich setze, weiß ich EUCH gegenwärtig, Vater, Sohn und *Heiliger Geist*, die IHR mich geleitet, stärkt und schützt. Danke, dass IHR, HERR, mich tragt und liebt!

‚Unterwegs sein' ist dem „auf der Reise sein"[427] gleichzusetzen, einem Zustand der Freiheit und Offenherzigkeit. Jesu Wortwahl „Priester" und „Levit" aus Lukas 10 schmälern weder diese Ämter bzw. Zugehörigkeiten, noch urteilen sie pauschal, Priester und Leviten wären unfähig zu Mitleid. Durch diese Bezeichnungen drückt sich indessen aus, dass Menschen solcher Verfassung auf ihre alltäglichen Pflichten, ihre ‚zu erledigenden Wege' versteift sind. Jemand ‚auf Reisen' hingegen, zumal ein Ortsfremder, ist frei für den Zauber des Augenblicks, desgleichen für dessen Anfragen an Seele und Herz. Er kann und wird sich zu Mitempfinden hinreißen lassen. „HERR, *Heiliger Geist*, erwecke in mir die Sehnsucht nach Unterwegssein in Freiheit; nach Wachheit für die Nöte meiner Nächsten."

iv

Gehen – beten – das Evangelium verkünden – lehren:

Jesus, HERR, es war DEIN Alltag, so will auch ich es heute halten:

---

[427] Lk 10,33

gehen und dabei beten; den mir begegnenden Menschen zum Segen werden, sei es nur, indem ich ‚im Verborgenen' für sie bitte; das Evangelium verkünden: wenn es zu Gesprächen kommt, den Geist immer wieder auf die Schriften lenken, vor allem aber die ‚Freude atmen', die Frohbotschaft durch Freundlichkeit, Lachen, Heiterkeit vermitteln; und lehren: kaum durch eigene Worte, sondern durch Zitate, DEINE Gleichnisse, oder auch nur durch stilles Sein im Wissen um DEINE unermessliche Barmherzigkeit.

v

Die unmittelbare Nachbarschaft durchstreifen (vergl. Mk 6,6b); hinausgehen (vergl. Mk 2,13) statt im Eigenen zu verweilen:

Bitte, HERR, *himmlischer Vater*, segne die Menschen, die mir begegnen; bitte richte diese/n Gebeugte/n auf; bitte schenke diesem Menschen Freude, da er so traurig schaut; bitte bewahre diese junge Familie vor Zerfall, schenke ihr Zusammenhalt und Frieden …

vi

Jeden Tag ausschließlich das für den akut erforderlichen Bedarf erstehen (vergl. Mk 6,8); zu Fuß unterwegs sein, ohne Vorratstasche, ohne Geld, aber mit der Heiligen Schrift:

Es ist befreiend leichten Gepäcks zu sein; HERR, *himmlischer Vater*, DU weißt, was ich zum Leben brauche; DU wirst es mir geben zur rechten Zeit (vergl. Mt 6,25 ff); dankend bitte ich DICH: „Unser tägliches Brot gib uns heute."

vii

Einfache Speisen konsumieren, dasjenige, was regional zu erhalten ist; oder die Lebensmittel der Menschenfischer[428]: Brot, Fisch, Aprikosen, Oliven, Mandeln, Feigen…

---

[428] Mt 4,19b

viii
Verzicht auf sämtliche digitale Ablenkung

ix
Dem/Der besten Freund/in eine Pause gönnen, stattdessen Schmerz, Verwirrung, Ärger; jedes, was erfreut, froh stimmt; sämtliche Gedanken, Hoffnungen, Sorgen und Wünsche mit GOTT, dem *Vater*, teilen:
DU, *himmlischer Vater*, bist immer da (vergl. Ex 3,14). DICH darf ich *Vater* nennen, Dank Jesus Christus, unserem HERRN. DIR kann und möchte ich alles anvertrauen, was mich bewegt: …

x
Mit allen Sinnen: Heute möchte ich liebend hören – wenn Menschen sich mir anvertrauen wollen, meine Ohren ihren Mitteilungen wohlgestimmt öffnen, mir Zeit nehmen für deren Berichte. / Heute möchte ich liebend sehen – im Überfluss Lächeln verteilen, Bekannten sowie Zufallsbegegnungen Freundlichkeit, Blicke voller Liebe senden. / Heute möchte ich liebend berühren – kleine Gesten wirklicher Wärme vermitteln. / Heute möchte ich liebend sprechen – den ganzen Tag nur Trostworte und solche des ermutigenden Zuspruchs gebrauchen.

*

Es bedarf keiner Reise ins heilige Land, um ein wenig Jesu und der Jünger Lebensweise erfahrbar zu machen; die oben genannten Beispiele zeigen auf, dass dieses Nacherleben allerorten möglich ist.

„HERR Jesus Christus, gib mir Mut zur Treue;
lass meine Freude am Gebet beständig sein!"

„HERR, *Heiliger Geist*, wache in mir und bewahre mich vor Lauheit; reiß mich aus meiner Bequemlichkeit."

„HERR Jesus Christus, ich möchte DIR nachfolgen:
ruf mich immer wieder dazu auf!"

„HERR Jesus Christus, ich sage ja zum Willen DEINES
Vaters, unseres *himmlischen Vaters*; ja zu allem, was ER für mich
will. Erinnere mich durch die Kraft des *Heiligen Geistes* daran, diesem Ja treu zu bleiben, wenn der Weg holprig
oder gar beschwerlich wird."

*

Unter-Wegs

Straßen, Gassen, Wege fehlen: das Unterwegs-Sein beginnt.

Verfolgung: des Glaubens Nährboden; dieser verödet, wird dürre, sobald Gleichgültigkeit einkehrt; schlägt sie in Hass um, kann neu der
Glaube keimen...

HERR, bewahre mich vor des Wohlstands Grundübeln, vor Bequemlichkeit und Verbitterung; HERR, hilf mir, Gewohnheiten, einschlä-
fernde Annehmlichkeiten, hemmende Denkmuster zu erkennen, ab-
zulegen; schenke mir die Gaben der Offenherzigkeit, des Staunens,
der Zuversicht und Dankbarkeit. HERR, befreie mich!

Straßen, Gassen, Wege sind überflüssig: unter-wegs ist, wer nach
DEINER Weisung, unter DEINEM Amen lebt.

*

„Jesus aber schlief."

Erfahrungsbericht zu Matthäus 8,24 par Mk 4,38

GOTT liegt auf einem Kissen (bei Markus) und schläft unbehelligt, während „gewaltiger Sturm"[429] tobt, „heftiger Wirbelsturm"[430]. Das Boot droht zu kentern, Wellen schlagen hinein, überfluten es mit Wasser (vergl. Mt & Mk). Das ist ja ein Bild aus dem Jahre 2024: da nämlich brausen zahllose Kraftfahrzeuge an der Kirche vorüber, die Müllabfuhr begleitet sie mit ihrem Tosen eine halbe Stunde oder länger; daneben Gezänk und Geschrei von Passanten sowie Anwohnern; mitunter fällt das ganz natürlich entstehende Gewitterkrachen ein... der Lärm überflutet alles, was Ohren hat. Die in der Kirche Betenden haben es schwer: „Herr, rette uns, wir gehen zugrunde!"[431] Denn sie nehmen mit dem äußeren auch das innere Getöse wahr; darüber jenes, welches die Welt durchkrebst. So knien sie vor dem Tabernakel, einem reichlich gemütlichen Ort: die Wände mit Kissen verkleidet, darinnen das Ziborium, ein Boot en miniature, mit dem HERRN.

IHM sei's gedankt, dass ER uns Mut zuspricht, liebevoll scheltend: „Ihr Kleingläubigen!"[432] So können wir, die dem Untergang sich nahe Wähnenden, erfahren lernen, dass ginge auch die Welt zugrunde, Jesus Christus sie längst besiegt hat (vergl. Joh 16,33c). Diejenigen aber, die IHM von GOTT Vater gegeben worden sind, werden sein, wo ER selbst ist: „Vater, ich will, dass alle, die du mir gegeben hast, dort bei mir sind, wo ich bin."[433]

Plötzlich ist es ein beruhigender, tiefen Frieden schenkender Anblick: GOTT liegt im Boot und schlummert.

---

[429] Mt 8,24
[430] Mk 4,37
[431] Mt 8,25b
[432] V. 26
[433] Joh 17,24

*

HERR, Schöpfer des Himmels und der Erde,

DU nimmst, DU gibst;
DU, HERR, bindest, DU erlöst;
DU beugst, DU richtest auf;

Gehorsam forderst DU, schenkst dafür Freiheit.
Verborgen wirkst DU, HERR, doch offenbarst DICH stetig.

HERR, DU richtest,
HERR, DU rettest.

Wir hungern nach Leben, nach Liebe:
DU, HERR und GOTT,
speist unerschöpflich -

amen.

HINGABE. GOTT SCHENKT SICH

i. Der gute Hirte

Es ist Pfingsten. Zeit für ein wenig Wunder. Endlich angenehm mild und Dank der Feiertage ein Spaziergang möglich. Der uns hinaus der Stadt, in die Felder hineintreibt. Im Geist den HERRN, der ruft, lehrt, erhellt: immerwährend SEIN großer, heiliger Name; dazu in Meditation ob des „guten Hirten". Der HERR bewohnt auch das Herz: die dort lodernde Freude an allem, das uns geschenkt ist, über alles, was wir hören, riechen, ertasten und erfahren können, nicht zuletzt die Farbenherrlichkeit der roten, blauen oder honiggoldenen Meere. Noch klingt die Feier der Heiligen Messe nach: neben Geist und Herz belebt der HERR somit den Leib. - Wir ziehen dahin: meist in stillem, zuweilen laut proklamiertem Gebet.

Zu hören ist die Herde seit einer Weile, mit wachsender Nähe zu den etwa 30 Tieren, Schaf und Ziege, werden auch Gerüche ‚lauter'. Die Ankunft der Fremden an ihrem Zaun lässt sie zurückweichen, unweit eines Trios aus Weißdornsträuchern sich zu einem Ball gruppieren. Zwischen ihnen und der Gehegegrenze liegen nun 80 bis 100 Meter. Unnötig indessen war die Flucht: die Absicht des Besuchs bleibt bloße Betrachtung. Doch dafür sind es Schafe: „Einem Fremden werden sie nicht folgen, sondern sie werden vor ihm fliehen, weil sie die Stimme der Fremden nicht kennen."[434]

---

[434] Joh 10,5

Nach Staunen und Schauen, ruhender Friedseligkeit, ruft es aus mir:
Notre Père, qui es aux cieux... Ainsi soit-il.

Stille.

Da rennen 120 Beine im Galopp zum Zaun - keines der Tiere verbleibt bei den Sträuchern - ein Sturm aus Hufschlag, Glockengebimmel, massenhaft Wolle und aufgewirbelten Bodenflechten: so gewaltig wie erschreckend; ich knie nieder. Gegenüber halten sie inne, blöken-meckern freudig bewegt, als ob in Wiedersehensjubel. Eine Weile singt die Herde ihren Chor, ehe sie sich nach Belieben auf der Weide zerstreut.

Dialogversuche mit Schafen sind mir nicht unvertraut: verschiedene Male in the UK, ab und an in l'Occitanie, seltener in Deutschland. Ein-mal focht ich einen stummen Wettkampf aus, wer von uns beiden den Blick zuerst abwenden würde: nach 24 Minuten gab mein Kon-trahent auf, Klee und Garbe waren wichtiger. Verständlich. Gesang, andernorts, als ein weiteres Experiment... blieb unbeantwortet - was eher für jene Tiere spricht. - Niemals hatte sich bislang Gesprächs-ähnliches ereignet.

Sind Hessische Schafe demnach kommunikationsfreudiger? Xeno-phil oder einfach ‚höflich'? „Der Hirt der Schafe: sie folgen ihm; denn sie kennen seine Stimme."[435] Warum bloß vertraut mir die hiesige Herde? Sie tut es freilich nicht, ihr Jubelsturm galt einem Anderen, denn beim Gebet war unser HERR der Redende: „Er ruft die Schafe, die ihm gehören, einzeln beim Namen und führt sie."[436]

Aus der Flur zurück in die Stadt; daselbst an all die Orte, wo ER mich braucht. Es ist Pfingsten.

---

[435] V. 2 & 4b
[436] V. 3b

ii. Pas de Deux

Es ist Anfang August, ich stelle mich auf einen Berg und warte.

Lange Zeit geschieht nichts. Dann tritt ein Wind hinzu. Ich bin gespannt, was er zu sagen habe, ein/zwei Fragen liegen parat. Er aber kümmert sich nicht um mein Dasein; er pustet und pustet, ist voller Bericht, ob gelauscht wird oder nicht.

Satt von Angesammeltem bin auch ich: trage das Leid, die Anliegen der Welt im Herzen. Einen großen Teil davon zumindest. Den möchte ich zurückpusten, dem Wind die Klagen meiner Nächsten vorwerfen, dass er sie fortjage und zerstreue, in ein Undenkbares auflöse. So tief wie möglich hole ich Luft: --- Auch der Wind nimmt zu, regt sich tüchtig auf. ‚Warte nur', denke ich noch, ‚gleich brausen wir im Duett...' -

Dann höre ich das Wort...

Als gäbe es kein Künftiges, pustet und peitscht mein Gegenüber: furioso tempestoso. Mitinne atme ich: in Widmung, still. Bald umgreift, legt und trägt er mich. Widerstandlos lasse ich geschehen, gebe ihm das einzig Erfüllende preis; auf dass er in die fernsten Gegenden es trage, überall dorthin, wo Winde wehen und angehört werden können: Möge die ganze Welt von ihm durchpustet werden, Tier und Mensch berührt, angeweht mit SEINEM Namen.

Sanft nun, ruhig. Finde ich mich am Fuß des Berges. Was mich herbrachte, weiß ich nicht. Wie es weitergeht durchaus: der ins Leben führende Pfad beginnt mit einem Schritt. Ich atme ein --- und setze ihn.

iii. Nachfolge

Seit langem trägt sie ihr Kreuz in Nachfolge. Nicht immer leicht, ist es ihr dennoch lieb geworden. Als sie die ganze Welt verließ: ihr Kreuz bleibt treuer Begleiter. Er weist auf DICH, hilft DICH zu lieben, unseren HERRN und GOTT.

Der Weg führt durch die Wüste. Jeden Tag Einöde. Jeden Tag Weite. Jeden Tag die Sonne zum Ziel. Einmal sitzt da ein Stein. Groß genug für eine Rastsuchende mitsamt ihrem Kreuz. Sie könnte Platz nehmen, ihr Gepäck abladen, dem Unterwegssein entzogen: könnte sich einrichten. Da sprichst DU ihr ins Herz: „Der Menschensohn hat keinen Ort, wo er sein Haupt hinlegen kann."[437] Damit ist alles entschieden.

Der Weg führt durch die Wüste. Endlos. Mühevoll. Ein Ziehbrunnen lockt; sein Wasser könnte sie erfrischen, für das kommende Wegstück stärken. Daneben ein Krämer, der Speisung mit Leben, Labung mit Glück verheißt; er schlägt sein Kapital aus dem Standort, der Brunnen ist seine Goldgrube. Zur rechten Zeit erinnerst DU: „Wer von dem Wasser trinkt, das ich ihm geben werde, wird niemals mehr Durst haben; vielmehr wird das Wasser, das ich ihm gebe, in ihm zu einer Quelle werden, deren Wasser ins ewige Leben fließt."[438] Das Unterwegs bleibt demnach bestehen.

Die Wüste ist ein selbst gewählter Zustand. DU hattest ihn angeboten, sie zugestimmt. Fast immer ist er Born der Freude und Seligkeit. Schließlich zeigst DU DICH als Ziel, jeden Tag. Manchmal schwächelt sie; dann tauchen Versuchungen auf, laden zu Ab-Lenkung ein. Dank DIR erkennt sie deren Absichten, ihr Unwesen. Folgt DIR nach, weiter, immer weiter...

---

[437] Mt 8,20c
[438] Joh 4,14

Heute sieht sie das Zelt. Es ist unscheinbar, mitten auf den Weg gepflanzt. Kein Lasttier, kein Fuhrwerk, nichts, was üblicherweise mit der Einrichtung eines Zeltes einhergeht. Ihr Staunen ist groß: eine weitere Spielart der Täuschung, sie zu verblenden? Wozu rätst DU? Kann sie es wagen?

„Komm' und sieh'!"[439]

Beim Eintreten erschrickt sie: so großräumig, zu allen Seiten ohne Ende! Spürt zugleich Erfüllung durch etwas Neues, nie Erfahrenes: Wie bloß es benennen? Vom gesuchten Begriff ablassend gibt sie sich dem Erleben hin. Mit jedem Schritt wächst Wohlsein, Da-Sein.

Zeitlos ist dieser Weg das Zelt hindurch. Konzentrierte Dauer. Dann SIE: Vater, Sohn, *Heiliger Geist*. SIE sitzen um einen Tisch, in dessen Mitte eine Opferschale ruht. Ein vierter Stuhl ist leer. SIE sind Einladung, spenden unbegrenzt Liebe. Näher trete ich.

„Was hast Du mitgebracht? Leg ab, woran Du trägst! Nimm Platz, sei uns willkommen!"

Nun erst bemerke ich, dass mir das Kreuz abhandenkam: es fehlt. „Nichts kann ich geben, IHR seid mir alles." Zu füllen bleibt jedoch die Opferschale. Ich öffne mich, hebe mein Herz, lege es an dessen vorbestimmten Ort.

Den vierten Stuhl besetzend, finde ich mich inmitten sämtlicher Menschenkinder wieder. Wir teilen ihn, das Willkommen der *Heiligsten Dreifaltigkeit* gilt allen gleich. Jetzt ist auch der Begriff erstanden, benennt das hier geschenkt Erhaltene: Ich bin angekommen.

---

[439] vergl. Joh 1,39

iv. einfach einfach

„HERR Jesus Christus, danke, dass DU mich führst, stützt und leitest. DIR folge ich. Was ist heute, ganz konkret, DEIN Wunsch?"

„Öffne mir die Tür!"

Türen öffnen, Kerzen entzünden; mit Gebet den Alltag zu Lebendigkeit werden lassen. So einfach, unaufdringlich leise, so ‚à propos' kann Nachfolge sich gestalten.

*

v. HERR, lehre mich schweigen!

Der Bote des HERRN fragt:
‚Warum schweigst Du?'

‚Aus Hilflosigkeit: die Welt ist zu laut.'

‚Dann ist es Trotz, keine Freiheit.'
Er geht, Zeit kommt.

Erneut fragt der Bote des HERRN:
‚Warum schweigst Du?'

‚Ich habe nichts zu sagen.'

‚Das ist klug, aber unvollständig.'
Er geht, wieder kommt die Zeit.

Noch einmal kehrt der Bote ein:
‚Warum schweigst Du?'

‚GOTT spricht, ich möchte hören.'

Da lächelt der Bote und lässt sich nieder.

ÜBER DIE LIEBE

i.i im Anfang - allezeit

Im Anfang war GOTT[440]. „GOTT ist Liebe."[441] GOTT erschafft alles, was ist[442]. Die Liebe erschafft Leben[443]. Jeder Mensch ist aus Liebe erschaffen[444]. GOTT erschafft einen jeden, weil ER liebt. Der Mensch aber hat Nein gesagt[445]. So entfällt er: dem Heil; hinaus aus der Liebe.

GOTT hingegen ist treu: die Liebe bleibt[446]. ER offenbart sich, nimmt Leib an: so ward die Liebe Mensch[447]. Sie tut, was sie am besten kann, gibt sich in Fülle und zur Gänze. Sie wandelt und wirkt, sie *ist*. Ohne Maß, ohne Ende[448]: bis in den Tod. Den Tod am Kreuz[449]. Doch Kreuz und Tod überwindet die Liebe[450]. GOTT ist ein Gott des Lebens und der Lebenden[451]. ER trägt, was SEIN ist, in schützender Hand. Hier stehen verzeichnet die Namen SEINER Kinder[452].

---

[440] vergl. Joh 1,1 sowie Gen 1,1
[441] 1 Joh 4,8b.16b
[442] vergl. Gen 1,1
[443] vergl. Joh 5,28
[444] vergl. 1 Joh 4,7
[445] vergl. Gen 3
[446] vergl. 1 Kor 13,4
[447] vergl. Joh 1,14
[448] vergl. 1 Kor 13,8
[449] vergl. Phil 2,8
[450] vergl. 2 Tim 1,10b
[451] vergl. Lk 20,38
[452] vergl. Jes 49,16

Heute, bald 2000 Jahre später, legt sich in meine und meines Nächsten Hand: GOTT, der die Liebe ist; die Liebe, die GOTT ist. Täglich verteilt sich am Altar die Liebe an Empfangsbereite. Ohne Urteil, ohne Ende. Sie gibt sich hin als „Brot des Lebens"[453], verleibt sich uns ein[454].

Die Liebe ist bei GOTT, sie ist bei uns. GOTT ist bei uns[455]. Allezeit[456].

*

i.ii Kommunion nur für ‚Gerechte'?

GOTT legt sich uns in die Hand; GOTT gibt sich jedem an den Altar Tretenden: unbegreiflich fassbar. Ist ein Grund gewichtig genug, GOTTES Geschenk, die Versöhnung, auszuschlagen, stattdessen in der Kirchenbank sitzen zu bleiben? Etwa der noch nicht ausgeräumte Streit mit dem Nächsten...? Reicht er hin, um die Gegenwart des HERRN zu ignorieren, SEIN Wünschen nach Kommunion mit uns?

Bei der Einsetzung der Eucharistie, am Abend vor Verurteilung und Kreuz, gab sich der HERR Petrus, der IHN bald darauf verleugnen sollte; gab sich auch Judas, der IHN, postwendend beinahe, verraten sollte. Jesus wusste von beidem, Verleugnung wie Verrat: ER gab sich, trotzdem: wusch ihre Füße. Denn selbst den mutlosen Falschredner, selbst den enttäuschten Verräter, SEINEN „Freund"[457], liebt ER. Jesus ist Feindesliebe.

DU liebst uns.

Solcher Gnade gegenüber: weshalb sich verschließen?

---

[453] Joh 6,35b
[454] vergl. Joh 14,23c
[455] vergl. Gen 17,7&8; Ex 29,45; Lev 26,11-13.45; Ez 14,11b; 2 Kor 6,16; Offb 21,3b.7b u.w.m.
[456] Mt 28,20b
[457] Mt 26,50

ii. „Ich liebe meinen GOTT"[458]

Sie führt uns zu Dankbarkeit, zu Anerkennung
und Wertschätzung all des Guten in unserem Leben.

Sie erwirkt in uns die Erfahrung tiefen Friedens.
Sie erschafft uns neu, lässt uns heilen, gesunden.
Sie ist alles, was wir brauchen;

    denn:

        IHR, *Heiligste Dreifaltigkeit*, wirkt in uns,
      so dass wir dankbar werden, all das Gute in unserem Leben
        anerkennen und wertschätzen können.

        IHR schenkt uns die Erfahrung tiefen inneren Friedens.
        IHR verändert uns, macht uns Kindern gleich,
        unversehrt, heil und gesund.
    IHR, *Heiligste Dreifaltigkeit*, seid alles, was wir brauchen.

        *

Wenn der Nächsten Gleichgültigkeit, wenn ausbleibende, versagte Zuneigung und Wertschätzung die vollkommene Vereinsamung der Seele bewirken, dann kann es geschehen, dass die Augen des Herzens GOTT schauen. Dann sind die Sinne empfänglich für den HERRN: Nun ist es untragbar, IHN allein, verlassen zu wissen.

Die derart geläuterte Seele zieht an den Ort, wo die Herrlichkeit atmet; dorthin, wo Jesus Christus ‚wohnt'. Wer den Schmerz der Einsamkeit kennt, den drängt es zum Tabernakel hin: denn tiefer als jedes persönliche Leiden sticht das Wissen darum, dass der HERR vereinsamen könnte.

---

[458] vergl. GL 400 "Ich lobe meinen Gott"

Golgotha, die Jesus angetane Folter, Misshandlung, der Spott, der Wahnsinn... das ist das eine. Es bleibt unverzeihlich, aus menschlicher Sicht. GOTT Vater hat es dennoch verziehen. Dies wiederum bleibt unbegreiflich, aus menschlicher Sicht. Ein anderes hingegen ist all die Liebe, Freundschaft und Nähe, die unterlassen wurde, als Jesus ‚wahrer Mensch' war. Lukas berichtet von der Salbung mit Öl durch die stadtbekannte Sünderin (vergl. Lk 7,36); später von den Frauen, die IHN „mit ihrem Vermögen" unterstützten[459]. Eine beschämend karge Liste. Wie sehr magst DU, HERR, gelitten haben unter der ausbleibenden Liebe seitens DEINER Nächsten; gelitten unter dem versagten Verständnis seitens der Jünger, DEINER leiblichen Familie, DEINER Mutter? Freilich ist's Spekulation, kann nichtsdestotrotz in eine Gebetshaltung hineinführen. Die Schmerzen mangelnder Nähe wiegen mitunter schwerer als eine erfahrene Beleidigung. Zudem treten sie häufiger auf. Es ist ein Hungern. Kommt es darüber hinaus zu täglichen Begegnungen mit demjenigen, der die Liebe vorenthält, kann nur der Blick auf Jesu eigene Leiderfahrung, verbunden mit Bitte um SEINEN Beistand helfen. Und: lieben wir IHN heute! Bemühen wir uns doch darum wettzumachen, was unterlassen wurde als der Mensch gewordene GOTT leibhaftig zugegen war, missverstanden und vernachlässigt wurde. Holen wir nach, versuchen wir es! Und unsere eigenen Beziehungen betreffend: Jeder Mensch, nahe stehend oder abweisend, findet in der Hostienschale Platz, die hernach zur Wandlung an den Altar gebracht werden wird. „Lamm GOTTES, gib uns DEINEN Frieden!"

*

---

[459] Lk 8,3b

„Seid also vollkommen, wie euer himmlischer Vater vollkommen ist!"[460]

Kann ein Mensch ‚vollkommen' sein? Vergleichbar, ja gleichend unserem *himmlischen Vater*? Jesus Christus, unser HERR, ER fordert es. Doch in welcher Weise ist GOTT ‚vollkommen'? Vollkommene Freiheit - vollkommene Mächtigkeit - vollkommene Güte - vollkommen in Barmherzigkeit - vollkommen Heil schenkend... An keines davon reicht der Mensch.

Nun die Liebe! GOTTES Liebe ist vollkommen. Wollen wir also diese Liebe schauen, kein Geringeres ist mit ‚ewigem Leben' gemeint, so müssen wir sie in uns selbst tragen, sie Raum greifen lassen. Ausfüllend, überfließend: vollkommen!

Denn nur, was ich in meinem Innern erfahren kann, erkenne ich auch im Außen: Weil mir einst Gutes angetan wurde, ist sobald mir Güte begegnet diese etwas Vertrautes. So kann ich sie wertschätzen und annehmen. Desgleichen mit der Liebe. Wenn mir also die vollkommene Liebe GOTTES widerfährt, dabei jedoch das Organ für ihr Erleben fehlt, bleibe ich unberührt von ihr, von IHM. Tot.

Sensibilisiertes Hören, Tasten, Schmecken... erst ermöglicht die Wahrnehmung von Hochkultur. Sensibilisiertes Lieben eröffnet, dass wir GOTT schauen können. So bleibt es entscheidend, dass wir - wie Jesus spricht - „vollkommen" werden! „Seid also vollkommen, wie euer himmlischer Vater vollkommen ist!"

*

---

[460] Mt 5,48

Es stimmt traurig, dass Menschen keinen Dank kennen. Bitter gar, sobald die Undankbaren Glaubensgeschwister sind. Gerade sie sollten es doch besser wissen...! Aber niemand möge deswegen mutlos werden, oder in seinem Eifer Gutes zu tun, sich zu schenken nachlassen! Schließlich erging es Jesus, unserem HERRN, ebenso - man betrachte nur die Perikope SEINER Heilung der zehn Aussätzigen (vergl. Lk 17,11-19); deren Einer kehrte um und „lobte Gott mit lauter Stimme"[461], überdies ein „Fremder". Jesu Fragen verrät SEIN Wundern: „Wo sind die [übrigen] neun?"[462] So möge uns trösten: ER ist bei uns in der Betrübnis ob des Undanks Anderer; auch solches Erfahren hat Jesus mit uns erlebt, es geheiligt, indem ER Schmerz und Verdruss auf sich nahm. Wir dürfen uns darin begleitet wissen, desgleichen erinnern, dass gilt: „Der Jünger muss sich damit begnügen, dass es ihm geht wie seinem Meister."[463]

Soweit indessen nur die eine Seite. Es heißt nämlich ebenfalls: „Umsonst habt ihr empfangen, umsonst sollt ihr geben"[464]. GOTT im Himmel wird sich freuen ob der Liebestaten, bleibt auch der Mitmenschen Dank aus. Ferner warnt Jesus, unser HERR: „Hütet euch, eure Gerechtigkeit vor den Menschen zu tun, um von ihnen gesehen zu werden; sonst habt ihr keinen Lohn von eurem Vater im Himmel zu erwarten."[465] Namentlich hatte bei der oben zitierten Perikope aus Lukas 17 Jesu Aufforderung an die zehn Bittsteller gelautet: „Geht, zeigt euch den Priestern!"[466] - implizierend: bittet GOTT, euren *himmlischen Vater*, ER wird helfen; hernach wisst ihr, wem Dank gebührt. Bei anderer Gelegenheit, nach der Heilung des mit Aussatz Be-

---

461 Lk 17,15b
462 V. 17b
463 Mt 10,25
464 Mt 10,8b
465 Mt 6,1
466 Lk 17,14

fallenen, zieht sich Jesus „an einen einsamen Ort zurück, um zu beten."[467] Das wird Dank beinhaltet haben, für die geschenkt erhaltene Wundertat der Heilung, desgleichen Neuausrichtung zu IHM, dem Vater all dessen, was ist. Jesus, erstgeborener Sohn, weist die Damaligen wie uns Heutige hin zum Höchsten, vollzieht Mittlerfunktion, demonstriert Demut, Gehorsam, Gottesfurcht. So dürfen auch wir es halten: schenken wir, dann bitte mit der Absicht, dass die Beschenkten GOTT danken mögen, denn von IHM allein kommt alles, was wir sind und haben.

Wem es dennoch schwerfällt, Undank zu ‚verkraften', der hat Grund sowie Anlass zu Gebet. Sind wir denn allzu fern derjenigen, die Dank unterlassen? Wie steht es um uns? Danken wir GOTT ausreichend für alles uns gegebene Gute, für unser Leben selbst? ‚In ausreichendem Maße' hieße, den ganzen Tag auf Knien und voller Lob- und Dankeslieder zu verweilen. Wer aber tut solches? Es mangelt uns stets an Dankbarkeit wider GOTT. Somit stehen wir denjenigen, die uns betrüben, näher als wir zunächst meinten.

> „Hilf, HERR Jesus Christus, lehre mich loszulassen
> von Betrübnis und Groll wider meinen Nächsten!"

Wir dürfen loslassen, darum wissend, dass DU, GOTT, der Menschen Los in DEINEN Händen trägst (vergl. Ps 16,5b); DEINER Hand entfällt kein Einziger; des Weiteren bitten:

„HERR, trage mich, halte mich sicher in DEINER Hand!"

Denn auch diese Tönung hat die Perikope: „Einer von ihnen aber kehrte um, als er sah, dass er geheilt war."[468] „Kehrt um!" ist Jesu Aufforderung, auch diejenige des Johannes (s. Mt 3,2), die zu Umdenken, einem sich neu Ausrichten einlädt. Im Innern des geheilten Samariters bei Lukas 17 hat sich etwas Wesentliches vollzogen, er

---

[467] Lk 5,16
[468] Lk 17,15

kehrte um und „lobte Gott mit lauter Stimme."[469] Darüber hinaus warf er sich vor Jesus „auf [sein] Angesicht und dankte ihm."[470] Milder formuliert darf man von sich ‚neigen', gar von sich Jesus ‚zuneigen' sprechen. Zuneigung und Dank sind eines, kann dem Verhalten des Geheilten entnommen werden. Wer also Zuneigung für seinen Nächsten empfindet, dem geht das Herz vor Dankbarkeit über. Wem wiederum das Danken schwerfällt, dem zählt auch sein Nächster wenig, er ist sich selbst genug. Undank ist Lieblosigkeit.

Sobald wir in uns Selbstgenügsamkeit wahrnehmen, durch Gewissensforschung oder wohlmeinende Hinweise unserer Nächsten, so dürfen und sollten wir sofort handeln; als Christen erhielten wir *den Weg* offenbart: Jesus! Bitten wir IHN und den *Heiligen Geist* um Läuterung, um rechte Weisung, um Selbstüberwindung, denn diese ist Liebe. Beten wir inständiger, auf dass uns der Geist erfülle: singen wir Psalmen, Hymnen und geistliche Lieder; singen und jubeln wir aus vollem Herzen dem HERRN (vergl. Eph 5,18b f.)! Mit SEINER Hilfe werden wir hineinfinden in die rechte Gesinnung: „Sagt Gott, dem Vater, jederzeit Dank für alles im Namen unseres Herrn Jesus Christus!"[471]

*

Durch die Liebe für GOTT wird Leben zu Da-Sein - Dank der Gegenwart des „Ich bin"[472], unseres „Abba-Vaters"[473], SEINES geliebten Sohnes[474] Jesus Christus, sowie des Beistands, Trösters: *Heiliger Geist*, sind auch wir lebendig, präsent, Kinder der Liebe: Da-Seiende.

---

[469] ebd.
[470] V. 16
[471] Eph 5,20
[472] Ex 3,14
[473] Röm 8,15c
[474] Mk 1,11b & Mk 9,7b par Mt 17,5b par Lk 9,35b

Durch die uns ein- und IHM zurückgegebene Liebe wird Leben ein-fach: *„Ihr werdet Ruhe finden für eure Seele.* Denn mein Joch ist sanft und meine Last ist leicht."[475]

Beten wir, jetzt und allezeit:

> „DEIN Wille, oh HERR und GOTT,
> DEIN Wille allein geschehe!"

---

[475] Mt 11,29c f.

LAETARE

„Und der Friede Gottes, der alles Verstehen übersteigt,
wird eure Herzen und eure Gedanken
in Christus Jesus bewahren."[476]

Dank sei GOTT, unserem HERRN;
DIR Vater, DIR Sohn, DIR *Heiligem Geist*;
von nun an bis in alle Ewigkeit!

Dank sei auch den Priestern unserer Heiligen Kirche;
insbesondere jenen in der Diaspora.

*

„Wer sein Leben zu bewahren sucht, wird es verlieren;
wer es dagegen verliert, wird es erhalten."[477]

‚Bewahren' impliziert hier Bedürftigkeit; dieses wiederum Anhängen,
unfrei sein. ‚Verlieren' hingegen impliziert Bedürfnislosigkeit, welche
über fehlendes Besitzen hinausreicht. Sie kann eingeübt werden:
probates Mittel ist eine Pilgerreise. Eine solche ist täglich möglich,

---

[476] Phil 4,7
[477] Mt 17,33

greifbar nah in jeder Kirche. Denn dort hängen die Stationen des Kreuzwegs. Der meditative Mitvollzug derjenigen Momente, während welcher unserem HERRN alles genommen ward, weitet unser Herz, lässt den Wunsch erstarken bedürfnislos zu leben.

DU bist alles, DU bist GOTT - und ließest zu, dass man DIR alles genommen: Kleider, Ehre, das Leben; stattdessen DICH überschüttete mit Hohn, Folter, Ungerechtigkeit.

Ich darf leben: mich kleiden, genießen, mich geachtet, in Liebe geborgen erfahren; DEINETwegen: DIR verdanke ich alles.

Tiefer Dank ist, was ich geben möchte, DIR mein Leben schenken, obwohl es DIR längst gehört... - hilf mir, HERR, auf dass es mir gelinge!

*

Und wenn ich mich selbst in die Hostienschale lege - alles, was ich bin und habe in Form eines runden Stückchen Brotes -; wenn auf diese Schale dann der *Heilige Geist* hinabgerufen wird, den Inhalt zu segnen und zu wandeln; wenn schließlich der HERR leib-wahr-haftig aus der Schale in die vielen Hände SEINER Heiligen Kirche, auch in meine, wiedergegeben wird: dann sind wir ‚eins', der HERR ist in uns, wir sind durch IHN.

*

„Wie viele Geschwister/Kollegen/Freunde *hast* Du? Wieviel Geld? -- Ich *habe* einen Ehepartner/Kinder/ein Pferd." Was meinen wir, in solcher Weise fragend / sprechend? Denn keinen davon ‚haben' wir. Keines darüber hinaus. Immerhin verhalten sich Menschen stets anders als erwartet, verlassen öfter, als dass sie treu bleiben. Was also ‚haben' wir am Anderen? Und GOTT? ‚Haben' wir Glauben?

Wir haben ihn so sicher,
wie man eine Seifenblase halten und besitzen kann...

Niemand ‚hat' GOTT - aber immer kann jedes SEINER geliebten Kinder zu IHM kommen, allzeit ist ER da für uns! Das unterscheidet SEINE Liebe von der menschlichen; es erhebt die Beziehung zu GOTT zur wichtigsten überhaupt. ‚Haben' ist, je tiefer man blickt, unmöglich. Sich selbst als ‚gehabt' zu erfahren hingegen tatsächlich. GOTT hat uns. ER hat uns so absolut und ausschließlich, dass wir leben, uns hingeben, IHN anerkennen, IHN anbeten können.

*

„Die Erde bringt von selbst ihre Frucht."[478]

„Von selbst" beinhaltet auch: nur eines ist des Säenden Aufgabe: das Streuen der Saat. Es geschieht, indem er sie fallen-, indem er loslässt. Sakramental dazu geboren, an Christi Würde - als Priester, König und Prophet - teilzuhaben, sind wir berufen, das Wort zu säen. SEIN Evangelium in die Welt zu tragen. Es hinzugeben.

Wir säen, stellen den Rest aber GOTT anheim: ER wirkt. Weder sind wir Regen, noch Mutterboden; kein Wachstum geschieht, weil wir es wollen. Der gesunde Sämann streut die Saat - lässt sie los! -, geht sich Nächstem zuwendend seiner Wege.

GOTT, so weiß er, wird es fügen:

nach SEINEM heiligen Willen.

*

---

[478] Mk 4,28

Montagmorgen. Nach tagelanger Drangsal endlich Heimkehr zu DIR. Drei Stunden Zeit für Anbetung; auch, um DIR alles hinzuhalten, Hilfe und Frieden zu erflehen; Beistand wider die Nächsten, wider sich selbst.

Bitterkalt ist es hier. Weder Kirche noch Steinfußboden sind dessen Ursache. Bitter, eisig ist, wie die Menschen einander behandeln. Diese, wären sie doch bloß ‚Heiden'! Nein, den eigenen Glaubensgeschwistern bleibt Jesu Aufforderung „Liebt einander!"[479] überflüssig. Fremd sind ihnen Dankbarkeit, Lächeln, die kleinste Geste des Entgegenkommens; sie bevorzugen ablehnende, verurteilende Blicke, spitze Worte, das blanke Ignorieren.

Drei Stunden Klagelied: ‚HERR, DEIN geliebtes Kind nennst DU mich, so liebe mich nun auch! Zieh uns doch stärker an DEIN Herz; reinige uns von unserer Ichverfangenheit! Ruf uns lauter, die wir taub sind! HERR, erbarme DICH; erbarme DICH, oh HERR! Bewirke, dass es wärmer werde in unseren Herzen, sowie untereinander!'

Stunden vergehen, Worte verebben, leergeweint die Seele. Zeit nun, um in ‚die Welt' aufzubrechen: diese Welt, die DICH nicht kennen möchte. Alle Kerzen gelöscht, die Sakristei verschlossen, auf dem Weg zum Portal: wartet ein Beutel. So geparkt, dass er gewiss gefunden werde. Und darinnen? Eine Lammwolljacke mit lapidarer Notiz: „Wärme für Dich."

‚Die Welt' muss warten! Alles ruft: ‚Zurück zu DIR an den Tabernakel! Umkehr, um GOTT zu preisen.' Das Klagelied vergessen, ruft und jubelt die Seele: ‚DIR sei ewig Lob und Dank! Hallelujah, Hallelujah!'

*

---

[479] Joh 13,34b

„HERR, mein Schreien dringe vor dein Angesicht.
Gib mir Einsicht nach deinem Wort!
Mein Flehen um Gnade komme vor dein Angesicht,
nach deinem Spruch befreie mich!
Meine Lippen sollen überströmen von Lobpreis,
denn du lehrst mich deine Gesetze.
Deinen Spruch soll meine Zunge singen,
denn alle deine Gebote sind Gerechtigkeit.
Deine Hand sei bereit, mir zu helfen;
denn deine Befehle habe ich erwählt.
HERR, ich habe Verlangen nach der Rettung durch dich
und deine Weisung ist mein Ergötzen.
Meine Seele lebe, sodass sie dich lobe.
Deine Entscheide sollen mir helfen."[480]

*

Todbetrübt[481] darf niemals wieder
DEINE hohe Seele sein -
hilf mir wachen, hilf mir beten,
Jesus, HERR und Bruder mein!

Seele Jesu, DEINE Treu und Kraft
wird mich tragen durch die Zeit;
dass mein Hiersein Frieden, Liebe schafft,
Hoffnung sät: durch DEIN Geleit!

Amen

---

[480] Ps 119,169 ff
[481] Mk 14,34b par